成语的结构和语音特征

安丽卿·著

光明日报出版社

图书在版编目（CIP）数据

成语的结构和语音特征/安丽卿著.--北京：光明日报出版社，2016.5（2024.8重印）
ISBN 978－7－5194－0477－2

Ⅰ.①成… Ⅱ.①安… Ⅲ.①汉语－成语－语言结构－研究②汉语－成语－语音－研究 Ⅳ.①H136.3

中国版本图书馆 CIP 数据核字（2016）第 073818 号

成语的结构和语音特征

著　　者：安丽卿

责任编辑：李壬杰	责任校对：罗　佳
策　　划：席建海	责任印制：曹　净
封面设计：宗彦辉	

出版发行：光明日报出版社
地　　址：北京市东城区珠市口东大街 5 号，100062
电　　话：010－67017249（咨询），67078870（发行），67019571（邮购）
传　　真：010－67078227，67078255
网　　址：http://book.gmw.cn
E－mail：gmcbs@gmw.cn　　lirenjie111@126.com
法律顾问：北京德恒律师事务所龚柳方律师

印　　刷：三河市佳星印装有限公司
装　　订：三河市佳星印装有限公司
本书如有破损、缺页、装订错误，请与本社发行部联系调换

开　　本：787×1092mm　1/16	
字　　数：190 千字	印　张：12
版　　次：2016 年 5 月第 1 版	印　次：2024 年 8 月第 3 次印刷
书　　号：ISBN 978－7－5194－0477－2	

定　　价：39.00 元

版权所有　　翻印必究

目 录

第一章 绪论 ………………………………………………… 1

　第一节 成语研究综述 ……………………………………… 1

　　一、成语研究专著 ………………………………………… 2

　　二、成语研究论文 ………………………………………… 6

　　三、成语词典编纂 ………………………………………… 16

　第二节 成语的界定 ………………………………………… 20

　　一、现有的成语定义 ……………………………………… 21

　　二、关于成语定义的再探讨 ……………………………… 29

第二章 成语的来源 ………………………………………… 48

　第一节 源自时代的划分 …………………………………… 51

　　一、源自上古的成语 ……………………………………… 53

　　二、源自中古的成语 ……………………………………… 62

　　三、源自近代的成语 ……………………………………… 66

四、源自现代的成语 …………………………………… 69

第二节　源自语体的划分 …………………………………… 72

　　一、源于书面的成语 …………………………………… 73

　　二、源于口语的成语 …………………………………… 80

第三节　源自语种的划分 …………………………………… 83

　　一、来源于佛教的成语 ………………………………… 84

　　二、来源于其他语言的成语 …………………………… 89

第三章　成语的结构特征 ……………………………………… 93

第一节　成语的基本形式 …………………………………… 94

　　一、成语的基本形式是四字格 ………………………… 94

　　二、四字格成语形成的原因 …………………………… 99

　　三、四字格成语形成的方式 …………………………… 107

第二节　成语的语法结构 …………………………………… 112

　　一、成语的语法结构类型 ……………………………… 113

　　二、成语的语法结构特征 ……………………………… 124

第三节　成语的语义结构 …………………………………… 134

　　一、联合式成语的语义结构 …………………………… 135

　　二、非联合式成语的语义结构 ………………………… 140

第四章　成语的语音特征 ……………………………………… 145

第一节　成语的声调分析 …………………………………… 146

　　一、四字格成语平仄搭配的中古音统计 ……………… 147

二、四字格成语平仄搭配的现代音统计 …………… 153
　第二节　成语中双声、叠韵、叠音等的分析 ………… 160
　　一、双声 ………………………………………… 161
　　二、叠韵 ………………………………………… 163
　　三、叠音 ………………………………………… 166
　　四、双韵 ………………………………………… 167
　第三节　成语中开合口字的分析 ………………… 168

参考文献 ……………………………………………… 175

第一章 绪论

第一节 成语研究综述

汉语的成语极为丰富,它们经由人民语言实践的千锤百炼而形成,具有惊人的表达力和感染力,其言简意赅、生动形象为一般词语所不及。成语不仅为语言交际带来了很大的经济和方便,也为汉语增添了无限的活力,充分显示出中国人民在语言生活中的巨大创造力。

"成语"一词,最早被称为"成言",在东汉已经出现。六朝时,它又被称为"陈言""成辞"。到了宋代,又称"全语""成语"。明清沿用。清人赵翼在《陔余丛考》、钱大昕在《恒言录》中都设有专篇对成语进行收集汇总,钱大昭在《迩言》中注明了一些成语的出处与变化。他们所收的成语有:"矫枉过正""守株待兔""毛病""便宜""不中用""快行无好步""儿孙自有儿孙福""白日莫空过,青春不再来"等。其后,王国维先生在《与友人论诗书中成语书》《研究发题》等论著中，对上古成语作了进一步的研究和阐释。他认为："凡此成语，率为复语，与当时分别之单语，意义颇异"[①]，"此等成语，无不有相沿之意义"[②]，如"不淑""降命""弥生""有严"等。由此可见，当时人们对成语的认识还只是初步的、基本的，印象比较模糊。他们所谓的"成语"，是指有出处的词、固定词组、诗文名句、俗谚等。

最早给"成语"下定义的是旧版《辞源》(1915)，其中指出："成语，谓古语也。凡流行于社会，可征引表示己意者皆是。"这个界定虽然概括了成语的一些特征，但未免过于粗疏。成语的真正研究应该从20世纪初期开始，随着人们认识的深化，对成语的认识渐渐清晰，在成语的定义、范围、来源等问题上学术界出现了很多不同的看法和观点。尤其是从20世纪50年代以来，关于成语的研究全面展开，取得了丰硕的成果：既有不少普及成语知识的研究专著，也有大量针对成语某个特征进行研究的学术论文，甚至各种大小不一的成语词典都有百来种之多，可以说成语研究开始全面化和系统化。以下我们从成语研究的专著、论文及成语词典的编纂三个方面进行述说。

一、成语研究专著

作为特殊的固定词组，成语是现代学者关注的热点。对于成语的研究多是些单篇的论文或散见于相关的论著中，成语研究专著出现较晚。根据内容，这些专著大体可分为三类。

(一) 综合性的

20世纪70年代末至90年代，出现了一些成语研究著作，它

---

① 王国维：《观堂集林》卷二，中华书局1959年版，第75—84页。
② 王国维：《王国维全集·书信》，中华书局1984年版，第333—336页。

们以专著的形式全方位地展示了成语的研究成果，比较有代表性的几部是：马国凡（1978）的《成语》、刘洁修（1983）的《成语》，以及倪宝元、姚鹏慈（1990）的《成语九章》等。马国凡的《成语》是一部研究成语的奠基之作，里面共分七章，主要从性质、范围、形成、发展和变化、意义和结构、运用和规范等方面对成语作了全面系统的研究。它由性质入手，对成语进行了界定，指出成语是人们习用的、具有历史性和民族性的定型词组。该书最早确立了成语的来源类型系统，将成语分成现代创造、古代继承和外民族借用三大类。刘洁修《成语》分别从定义、范围、源流、意义、读音、运用等方面，结合实例介绍成语知识。其突出的特点在于认为符合成语特征的二字、三字词或词组如"推敲""眼中钉"，以及一些俗语、谚语也应被看作成语。同时，该书对成语的源流也进行了颇有价值的研究，指出可以从语言的意义和字面两个角度对成语溯源，并且提供了大量翔实的语料。倪宝元、姚鹏慈的《成语九章》从成语的本质、成语的来源、成语的发展、成语的结构、成语的意义、成语的辨析、成语的学习、成语的运用和成语的规范等多种角度对成语进行全面深入的研究，既有学术意义，又有实用价值。

此外，综合性的成语研究专著还有史式（1979）的《汉语成语研究》、张国栋（1979）的《学点成语》、许肇本（1980）的《成语知识浅谈》、唐启运（1981）的《成语谚语歇后语典故概论》、向光忠（1982）的《成语概说》、吴越（1982）的《成语里的知识》等。

(二) 专题性的

除了综合性的成语研究专著外，还有些著作侧重于从某个方面对成语进行研究，分别论述如下。

1. 成语的历时探索

成语是汉语在历经几千年的发展过程中逐步积累而形成的一种具有独特魅力的语言形式，作为一种语言事实，它在汉语词汇史上源远流长。因其历史性、骈偶性、典雅性的特征，甚至可以说在上古、中古产生的成语数量远远大于近现代产生的成语。故而将成语放在一个历时层面进行讨论研究的著作较多，如杨天戈（1982）的《汉语成语溯源》，书中对五百余条成语进行了考证，其中包括新中国成立前后各种有影响的语文工具书未曾收录过的成语，虽已收录但尚未考明出处的成语，对出处的考证不恰当、有错误的成语。此外，还有杨新洲（1963）的《成语探源》，范淑存、于云（1991）的《成语中的古汉语知识》，张学衔、张兆飞（2001）的《中华成语探源》等。

2. 成语的共时分析

汉语成语的界定一直是广大语言研究者关注的热点和争论的焦点，如何将成语同一般的固定词组及谚语、惯用语、歇后语等熟语区别开来，对成语进行辨析也是专著中经常讨论的问题。相关著作有倪宝元的《成语辨析》（1979）、《成语辨析续编》（1986）和《成语例示》（1984）等。《成语辨析》一书收意义相近，但存在细微差别的成语；意义不同，但形体相似且易混淆的成语；同素异序，且意义有别的成语；同出一源，但意义有别的成语；意义上有交叉的成语，共175组，计373个。通过大量现当代文学作品及报刊例句的分析和解说，辨析了各组成语的异同。此外还有张拱贵（1983）的《成语辨正》，该书不仅包括注音、释义、辨形、正用，而且还重点解释了古今意义不同但形式相同的120个成语，同时对成语的生造、苟简、变体、分化及规范都有所阐释，是正确使用汉语成语的重要参考书。

3. 对成语运用的探讨

大多数的成语都是从古代历经几百甚至上千年的时间流传下来的，其中保留了不少古代汉语的词义和用法，这些成为我们理解和运用成语的难点。有些著作专门就成语的运用问题进行探讨，如潘维桂（1987）的《成语的运用》，该书先指出成语现成方便、源远流长、言简意赅，具有鲜明的民族性以及修辞方式、结构形式、句法功能的多样性等特点，然后重点论述了运用成语时要准确全面地把握成语的意义，注意其感情色彩、适用对象、结构特点、语法功能、定型活用等，从而避免成语的误写误读。类似著作还有邓家琪（1976）的《怎样使用成语》，安汝磐、赵玉玲（2001）的《报刊成语误用1000例》等。

4. 成语及交叉学科的研究

研究者不仅从语言学方面对成语的来源、界定、运用等进行探讨，而且还将汉语词汇中的特殊构成部分——成语同其他学科加以交叉研究。如莫彭龄（2001）的《汉语成语与汉文化》中将成语同文化结合起来论述，阐释了成语中蕴含的衣、食、住、行、动物、植物、兵器等古代物质文化，成语中的礼俗、文学、艺术、科学、谋略等古代精神文化，在此基础上讨论了成语的文化应用和文化比较，从提出"成语文化"这一全新的概念入手来构建"成语文化学"。此外相关著作还有安成信（1983）的《成语和音乐》、彼岸（1984）的《成语科学探源》、刘也（1985）的《成语与科学》等。

（三）故事性的

成语是中华民族语言的精华，经过千百年的锤炼流传至今，其中蕴含着许多耐人寻味的故事与独具特色的文化。收集这些具有故事情节的典故性成语的专著很多，如马华（1958）的《成语历史故事》,袁林、沈同衡(1982)的《成语典故》,郝万全(1984)的《成语故事注译》,沈阳(1984)的《音乐中的成语故事》,张慈云(1996)的《中国成语故事》等。这类书融通俗性、趣味性、可读性于一体,对帮助读者了解汉语成语有一定的作用。

以上从综合性的、专题性的、故事性的三个方面对成语研究专著进行了介绍,可以看出这些著作大多成书于20世纪中晚期,对成语研究中的基础性问题,如成语的界定、结构特征、语法功能、运用等进行了探讨,对成语的学习、运用及语言教学具有理论意义和实用价值。但不可否认的是这些著作多为科普类的,主要为普及成语知识,对成语根本性特征的论述还不够深入。

二、成语研究论文

正如何华连(1994)所说,1915年《辞源》给成语所下的定义可视为成语理论研究的开端:"成语,谓古语也。凡流行于社会,可征引表示己意者皆是。"较之《辞源》定义的宽泛,1936年出版的《辞海》对成语的定义就显得较为严密而具体:"古语常为今人所引用者曰成语。或出自经传,或来自谣谚,大抵为社会间口习耳闻,为众所熟知者。"随后,研究成语的论文日见其多,人们对成语的认识也逐步深入,仅1985年一年就发表相关论文49篇之多。具体而言,我们可将这些论文分为以下几类。

(一) 成语本体研究

1. 成语的整体研究

对成语进行整体研究的论文涉及范围较广,包括成语的性质、来源、结构及运用等。如周祖谟(1955)的《谈成语》,何霭人(1957)的《汉语的成语》,马国凡(1958)的《汉语的成语》,昌煊、全基(1958)的《论成语》,武占坤(1962)的《有关"成语"

的几个问题》等。这类整体性成语研究的论文出现时间一般较早，后来的成语研究多是在此基础上对某些方面问题的继续深入和挖掘。

2. 成语的界定和范围研究

虽然学术界对于成语和自由词组、其他熟语的分界一直存在争议，但大家都认可的一点是：成语是结构定型，意义完整，相沿习用，通常为四字格的一种固定短语。有不少学者针对成语和其他熟语的区别展开了研究，佛朗（1934）论述了成语跟俗语的不同，童致和（1957）分析了成语与歇后语的区别，杨欣安（1961）区分了成语和谚语的差别，刘叔新（2002）用"有无表意双层性"作为划分成语和惯用语的唯一正确、合理的依据，余光中（2004）则认为"成语大半表现事态，而格言大半要说道理"[1]。这类关于成语和其他熟语的比较研究有利于对成语本质特征的深入认识，对成语范围的界定有积极意义。

近来乔永（2006）从成语词典收词标准与范围的角度，指出成语通常具有词组性、凝固性、骈偶性、潜意性、典雅性、历史性和习用性等基本特性。而王吉辉（2011）认为语感在区别成语和惯用语时只起间接的作用。吴东海（2012）则提出："书面性质的成语不是典型成语，口语性质的成语才是典型成语。"[2]

3. 成语的溯源和演变研究

成语来源较为广泛，通常认为主要源于神话、寓言、历史故事、古典诗文、佛教用语、民间口语等，弄清每条成语的来龙去脉，对于更准确地编纂成语词典、更细致地研究汉语词汇史都是

---

[1] 余光中：《成语和格言》，《海南师范学院学报》2004年第2期。
[2] 吴东海：《对汉语成语的再认识》，《云南师范大学学报》2012年第1期。

不无裨益的。因此，出现了一些研究成语具体来源及语源理论的文章，如王光汉、万卉（1994）的《成语溯源规范浅议》，其中指出"典故成语的溯源和一般成语溯史的目的要求不一，因而正确区分两类成语，应该是成语溯源工作中的大事"[①]。王吉辉（1999）则认为判断文献形式能否作为成语语源的先决条件是看双方是否具有同一性，也就是两者在字面和意义上的所指是否相同或基本相同。相关文章还有陈汝法（1984）的《成语引源问题说略》和陈秀兰（2003）的《成语"探源"》。

关于成语的演变，王承惠（1997）指出成语并非一成不变，并从形式、内容、数量及等义成语的优胜劣汰四个方面探讨了成语的演变和发展。曹瑞芳（2011）以语义不变为背景，分析了汉语成语语形演变的应用类型。相关论文还有施春红（2006）的《关于成语用变和演变的思考——从几则成语的现实使用谈起》、周福雄（2008）的《成语演变问题的多维研究》、杨华和隽娅玮（2009）的《实用主义解读方式及其对成语演变的影响》等。

4. 成语的语音研究

成语的一大特点就是音节的整齐、声韵的对称，这一特征很早就被研究者重视起来并加以研究，大家从各个角度讨论了成语的语音特征：杨东（1980）讨论了四字格成语的节奏感和韵律感；刘钧杰（1983）论述了成语中的平仄搭配及其作用；汉丁（1986）指出了成语中保留的古音遗迹；张文轩（1991）经过统计，发现并列式成语在四声搭配上存在明显的规律性，这种四声序列特征与近体诗的要求有着惊人的一致；刘振前、邢梅萍（2003）在论述四字格成语的音韵对称特征的基础上，进一步论述了其在人们

[①] 王光汉、万卉：《成语溯源规范浅议》，《辞书研究》1994年第6期。

认知当中的作用，这些关于语音的探讨则将人们对成语的认识不断深化。

5. 成语的结构研究

关于成语的结构研究主要从成语的基本形式、语法结构、语义结构三个方面展开讨论。朱剑芒（1955）在20世纪50年代就概括了成语的基本形式，并对成语在组织结构方面的特点进行了论述。姚鹏慈（1998）通过对《汉语成语小词典》所收录成语的考察，指出在鉴别熟语中的成语与非成语时，语素组合的长短是个十分重要的因素，并得出汉语成语基本上都是四字格的结论。

语法结构方面，有的学者是从成语在句子中充当何种成分的角度入手，如许肇本（1980）指出成语在句子中可以充当主语、谓语、宾语、补语、定语和状语；有的是从不同类型成语的语法功能入手，如肖娅曼（2002）将谓词性成语分为陈述性、认识性和价值性三类，这三类成语根据自身的语法、语义性质决定了其出现在不同的句式当中，类似的论文还有岳辉、闫冰（2006）的《形容词性成语的语法结构及功能研究》，朱丽芳（2008）的《动词性成语语法语用功能初探》；还有的从成语的整体结构分析入手，如龙青然（2009）发现汉语成语在结构上具有明显的对称特征，表现为结构关系的对称性和结构成分的对称性，类似的论文有李家昱的《成语结构分析》（1991）等。

21世纪以来，语义结构研究方面也取得了显著的成就，如刘振前、邢梅萍（2000）发现汉语的四字格成语在语义结构方面具有对称性特征，这种对称性特征在人们认知成语时发挥了积极作用。左林霞（2004）指出成语语义的发展演变与词不尽相同，它们可能在意义范围、意义类别和感情色彩方面都有变化。陶文好、施晓盛（2005）以四字格目标域缺失的汉语成语为基点，从概念整合的角度分析目标域缺失成语中语义的转移。姚鹏慈（2005）通过借助语义场理论，对汉语成语语义场作了些探索性的论述。马利军等（2013）发现联合式成语和非联合式成语在语义性质方面存在显著差异。

近二十年以来，一些固定结构的成语引起了研究者的关注，如刘洁修（1987）对"'不可'＋'XX'构成的成语和短语"进行了讨论，杨丽君（2001）研究了"一X不Y"式成语，尹继群、李稳（2002）对"千A万B"式成语的形成及其意义加以阐述，龙青然（2003）讨论了"OO之O"型成语多样化的语义表达方式，并对该类成语在几部词典中的释义情况进行了分析。

6. 成语的释义研究

关于成语的释义，不仅有成语释义的理论性研究，如周光庆（1995）发现成语的语义主要不是由语形直接表达出来，而是由表层的语词符号和里层的意象符号逐层传达，所以在其音义结合关系中，有一种意象充当中介符号，构成了"语形—语象—语义"的结构模式；陈霞村、白云（2002）指出与普通词语相比，成语注释有许多特殊要求，并根据具体成语对这些特殊要求进行了说明；陶原珂（2002）分析了四字格成语的类型及它们不同的释义方式。个别成语的考释论文重视成语语素的研究，结合语言结构进行分析，有助于正确理解成语语义，如晁福林（1979）《"杯弓蛇影"考》、陈秉新（1981）《关于"脱颖而出"》、王克仲（1983）《"耳提面命"常解商兑》、黄今许（2011）《成语"华屋山丘"释义商榷》等。

7. 成语的修辞研究

成语的修辞研究分为成语中的辞格和成语的修辞意义两个方面。姚鹏慈（1995）讨论了成语中的双关现象，将其分为借义双关、谐音双关和对象双关三种格式。莫彭龄（2003）提出成语修辞的基本要求是"四字格"化，它在对偶、音律、色彩、辞格等方面表现出丰富多彩又别具一格的特点。陈洁、谢世坚（2012）通过对比发现汉语明喻成语可以由两个喻体识解本体，运用概念整合理论发掘双喻体成语喻体整合的认知机制，对认知成语具有重要意义。在成语的修辞意义方面，吕杰（2007）用具体例子说明了成语在运用中具有灵活性、和谐性、整齐性、形象性和鲜明性的修辞功能。陈笑兰（2011）的硕士学位论文则在前人研究的基础上，从成语的规范运用和变异运用两个方面探讨了成语修辞，重点论述了成语的变异运用在修辞中所具有的突出意义。

8. 不同语言成语的比较研究

近二十年来，语言学界加强了汉语成语跟其他民族语言成语比较的研究，这样做不仅有助于理解不同语言、文化之间的差异，对汉语成语的准确翻译也有一定的作用。如蒲志鸿（1990）通过对古今汉语和法语成语中色彩词的分析对比，发现其使用频率、语用习惯、象征意义和生命力的不同，从而反映和证明了中国人同法国人在思维方式、文化色彩和传统继承方式上的差异。王金娟（1993）从语法词汇、修辞角度和成语来源对英汉成语进行分类比较，并论述了它们之间的异同。权正容（1995）经过对比发现韩国成语和中国成语密切相关，韩国成语中大部分是从中国原封不动地引进并保留下来的。

不同语言间成语的对比研究也成为硕士学位论文中经常关注的问题，如贺海涛（2001）的硕士论文《英语成语与汉语成语启示的跨文化研究》，金粉红（2004）的《中韩俄三国语言文化异同探讨——以成语对比为中心》，李艾博（2009）的《中日四字成语比较研究》等。

(二) 成语运用研究

成语作为五千年中华文化的缩影，里面蕴含了丰富的语言学、历史学、文化学材料，成为研究古代语言、历史、文化的宝库。但是它不仅作为静态的材料来研究，更是一个动态的工具来供我们今天运用。对于成语的运用，主要从以下几个方面展开。

1. 成语的使用情况研究

作为中华文化结晶的成语在今天的使用情况如何呢？有研究者对此问题进行了关注，如刘长征、秦鹏（2007）基于中国主流报纸动态流通语料库（DCC），对 2005 年中国 15 种主流报纸，将近 5 亿字材料中的全部四字成语使用情况进行了调查。曾小兵等（2008）指出成语与习语的调查是《中国语言生活状况报告》在 2007 年的新增项目，他们通过大规模真实语料的调查，对成语与习语的使用情况进行了比较，从中发现一些语言现象并提出了自己的思考。

2. 成语的规范研究

既然成语还活跃在我们今天的日常生活中，那如何规范地使用成语呢？这就涉及成语使用中的规范问题，如周荐（1998）提出成语是全民的语言，不可随意加以改变，具有规范的稳定形式，有时代性和地域性等。李行健（2001）发现成语使用中词形、字音和语义有很多不合规范的现象，要注意规范和发展的关系，区分活用和误用的不同。有些研究者论述了不同类型成语的规范，如李索（1998）谈到广告语中的成语时说，成语可在广告语中化用，但须规范，具体表现为要慎重、合语境、讲规则、自然天成并且注意书写格式。邓瑶（2011）则专门讨论了意义相同而个别字书写形式或结构方式不同的异形成语的规范问题。此外，赵丕杰（2009、2011、2012）在《语文建设》上发表了系列文章，论述具体成语的规范使用问题。当然，近些年随着成语研究的不断深入与发展,关于规范运用成语的文章层出不穷。

3. 成语的教学研究

根据教学对象的不同,可以将成语教学分为两类:一类是针对母语是汉语的学生进行的成语教学,另一类则是针对外国、其他民族学生开展的成语教学。针对汉语是母语的学生的成语教学研究不多,主要有左东琳(2002)的硕士论文《语文教学中的成语教学》,该文分析了高中语文教学中存在的问题,同时指出了教师如何针对学生学习的心理特点,进行成语教学,并分析了从成语入手进行教学的重要意义。相关论文还有凌火元(2004)的《把握成语规律,提高成语教学效率》及郑萍(2004)的《成语中的语法知识教学管见》等。

20世纪90年代起,研究者开始关注针对外国学生的汉语成语教学,杨晓黎(1996)针对外籍学生学习成语时的困难,介绍了自己的方法:由字面入手,偏重字面分析,抓住形式做文章,由表及里,由形式而内容,步步推进。王美玲(2004)在自己的硕士学位论文中指出,成语教学是对外汉语词汇教学的重点和难点,创造性地提出了革新当前成语教学的六种方法:说文解字法、溯源及流法、触类旁通法、辨体定性法、创设语境法和汉外对比法等。魏庭新(2007)分析了留学生在学习汉语成语时的难点并给出了解决对策。除了对外国学生的,还有针对其他民族学生的成语教学研究,如李果(2008)在少数民族学生的汉语成语教学方面,介绍了漫画解释、动画故事、结构分析、语素分析、联想、示例等教学方法和经验。阿如娜(2008)则专门论述了蒙古族学生学习成语时的问题和解决办法。

4. 成语的翻译研究

汉语成语的翻译研究,一直是外语学界研究的热点。有汉语成语日译研究，如石剑静（2009）的硕士论文《成语汉日翻译技巧研究》；德译研究，如吴旻（2014）的硕士论文《功能主义视角下的汉语四字成语翻译策略研究》；俄译研究，如丽丽（2011）的硕士论文《基于双向平行语料的汉俄成语翻译对比研究》；越译研究，如蔡心交（2011）的博士论文《越汉成语对比研究》；维译研究，如巩晓（2010）的《汉维文化差异对成语翻译的影响》和胡阳（2013）的《汉语成语维译中的等值原则》等。其中论述最多的当属汉语成语的英译研究，谢萍、于文（2003）从成语的语用特点出发，分析了常见的四种翻译方法；丁冬梅（2008）针对双语词典中的汉语四字格成语的翻译问题进行了探讨；王志娟（2011）基于语言符号信息的分析，同时结合文化差异与语义的非对应之间的联系，指出了成语翻译存在的问题，并介绍了四种有效方法。

（三）成语的非语言学研究

1. 成语的文化学研究

成语是在几千年的历史进程中不断锤炼不断积累形成的，是民族文化的沉淀和结晶，具有深厚而丰富的文化底蕴，有不少文章是探讨成语文化的。如李大农（1994）把语言现象和文化现象结合起来，着力阐述了汉语成语与汉民族文化之间的关系。姚鹏慈（2000）的《"成语与文化"札记》从"文化在成语中的反映"和"成语中体现的文化"两个方面论述了"成语与文化"的关系。郑晓（2002）通过例证分析，从汉民族精神文化、制度文化和物质文化三个层面出发，探讨了汉语成语中的文化内涵。沈琴等（2011）用文献计量法对1950—2010年公开发表的研究汉语成语文化相关问题论文的载文量、著者、主题等进行了多角度的统计分析，探讨了成语文化研究的现状。

说到成语的文化学研究，不得不提到莫彭龄，他是目前为止从文化学角度研究成语著文最多的学者。先后论述了成语，尤其是借喻式成语中蕴含的文化价值（1997）；从成语的文化透视、成语的开发利用、汉语成语与外语成语的文化比较等三个方面，对成语文化研究作出初步探索，进而提出构建成语文化学的重要性和必要性（2000）；从自然环境、风俗习惯、数字、度量衡、语言文字等方面比较了汉俄成语的文化蕴含（2002）等。

2. 成语的心理学研究

成语的心理学研究主要从认知角度着手，黄希庭等（1999，2000）通过对结构对称性成语的实验研究，发现结构对称效应和熟悉度在成语的识别和再认方面都发挥了显著作用。白红爱、郑成虎（2001）论述了人们对广告中使用的偏离成语的认知过程，以及在这一过程中的成语固化问题。此外，钱秀莹、朱军英（1998）以改变四字成语中的某一音或形构成的错误成语为监测信号，来探究与汉字信号监测情境有关的警觉特征和规律。陈燕丽等（2004）则以大学生为被试，讨论了阅读成语时最佳注视位置可能是其中的第一个或第四个字。

（四）专书成语研究

在中国五千多年的语言文化发展中，产生了大量的成语，对每个历史阶段专书中的成语进行研究也构成了成语研究的一部分。近些年专书成语研究成果相当显著，涉及的书籍也较为广泛。因为上古时期产生的成语较多，所以关注到的上古作品也较多，如《左传》《论语》《诗经》《尚书》《周易》《孟子》《老子》《庄子》《韩非子》《吕氏春秋》《史记》《汉书》中的成语都曾有学者进行研究。其中，《论语》《诗经》《庄子》因产生成语数量多、口语性强的特点，成为学者研究的焦点。中古时期的作品，如《洛阳伽蓝记》《古小说钩沉》《祖堂集》《景德传灯录》等都有学者对其中的成语加以研究。近代作品涉及的很少，只有人对《红楼梦》中的成语作了考察。如果说古代专书的成语研究侧重于探究成语的源头、出处，那么现代书籍作品中的成语研究则重在分析成语运用的特点和效果，如有人对毛泽东作品和鲁迅小说中成语的运用情况进行了探讨。

三、成语词典编纂

成语词典的编纂往往与成语理论研究的水平密切相关，人们对成语的认识通常决定着词典中成语的收录。现在能见到的最早的初具规模的成语工具书是清乾隆七年鸿远堂本的《满汉六部成语》。但因当时对成语认识的模糊，正如何华连（1992）所说，全书所收的2500余条词语中真正称得上成语的仅占15%左右。随着《辞源》《辞海》对成语的明确界定，人们的认识逐渐清晰起来，成语词典的编纂较之以前也有了一定的发展。《国文成语词典》（中国图书公司，1916年）、《实用成语大辞典》（大陆图书公司，1924年）、《国语成语大全》（中华书局，1926年）、《国文成语大辞典》（上海教育书店，1937年）等在20世纪初相继问世。但当时所谓的成语词典并不是严格意义上的成语词典。1937年出版张永逊编的《实用国文成语词典》中就有不少非成语，如"矛盾""问津""绵薄""权舆""绝响"等。真正意义上的成语词典要从新中国成立后说起，因为不管是从质量上还是从数量上，以前的词典都无法与之相比拟。下面我们根据其类型进行简要介绍。

（一）大型成语词典

这类词典搜集宏富，可供人们备查，又有保存语言财富的科学价值。如《汉语成语大词典》（河南人民出版社，1985年）、《中华成语大辞典》（吉林文史出版社，1986年）、《中国成语大辞典》

(上海辞书出版社，1987年)、《成语辞海》(胡汝章主编，中国卓越出版公司，1990年再版)、《汉大成语大词典》(汉语大词典出版社，1996年)、《汉语成语辞海》(朱祖延主编，武汉出版社，1999年)等。其中上海本收录古今成语1.8万余条，包括主条和附见条两类，主条是成语的早期或主要形式，除对其注音、释义外，还详列书证，资料丰富翔实，解说扎实有据，可以说是成语编纂史上树起的一座丰碑。武汉本收条目2.5万余条，它在成语的规范性、释义的准确性、例证的典型性和丰富性及编纂体例等方面，对成语词典的编纂具有示范和启发作用。

(二) 中小型成语词典

这类词典是成语词典中数量最多的一类，它们不仅是可供人们学习成语的词典，同时也是人们用来查检的字典。其中编纂较好的当推《汉语成语小词典》(北京大学55级语言班编写，商务印书馆，1959年)和《汉语成语词典》(西北师范大学中文系编写组编，上海教育出版社，1980年)。前者收词5300余条，从编排体例到选条、释义都有可取之处，至今仍不失为一部有参考价值的小型成语辞书。后者收成语8700余条，释义准确、全面，书证丰富，经过修订、增订，几经推敲，比较成熟。

(三) 分类成语词典

这类词典把成语按意义分类编排，读者根据表义的需要从相应的意义类中找到适当的成语，如《分类双序成语词典》(史有为、李云江编著，中国物资出版社，1990年)。该词典收录7500条常见常用成语，独特地采用了一语一类和一语多类同时并用的原则，将词条按意义分成人物情貌、智能见识、品德行为、言语文化、社会景象、事物事理等6大类、24中类、215小类。在音序排列上又分为正序(按成语首字编排)和逆序(按成语末字编排）两种，以便于读者查找。此外还有《汉语成语分类大词典》（内蒙古人民出版社，1987年）、《中国成语分类大词典》（韩省之主编，新世界出版社，1989年）等。其中编得较好的是《分类成语词典》（王理嘉、侯学超编著，广东人民出版社，1985年）和《汉语成语分类词典》（叶子雄主编，复旦大学出版社，1987年）。这两部词典收条目分别为5000余条和6000余条。广东本是最早的一部分类成语词典，分12大类127小类。这部词典条目下包括注音、解词、释义、语出、例证、反义、提示、辨析、误用等多项内容，释义准确，语言精练。复旦本长处在于分类仔细，共分9大类222小类。一般按习惯使用的最常用义给成语归类，有两个以上常用意义的让它跨类，查检方便。

（四）应用成语词典

这类词典设类立目上综合分解，条分缕析，条目群组织上环环相套、丝丝入扣，便于族性检索，为人们掌握和运用成语开辟了一条新途径，如《成语分类应用词典》（蔡向阳、孙栋编著，大众文艺出版社，2000年）。该词典打破传统以音序、笔画编写的模式，把成语依用途和词义详细分类，将词义相同或相近的成语类聚在一起，分别注明释义。想引用哪方面的成语，依照类别、条目即刻找到，并可在同类成语中进行选择，突出了写作应用功能，方便实用。同类词典还有：《写作成语类典》（袁广达编著，中山大学出版社，1986年）、《写作成语分类词典》（解放军出版社，1989年）、《实用成语类编》（张秀强编，河南人民出版社，1985年）、《成语应用分类词典》（践之编著，陕西人民教育出版社，1987年）等。

（五）成语考释词典

溯源是成语的一个重要问题，在许多成语词典中都有所涉及，尤其是大型成语词典在穷本溯源、博采书证方面做了很多努力。值得一提的是在成语词典的出版史上出现了两部以探求本源为主要编纂目的的成语词典：《汉语成语溯源》（杨天戈编著，外语教学与研究出版社，1982年）和《汉语成语考释词典》（刘洁修编著，商务印书馆，1989年）。后者收成语7600余条，加上变体共计2万余条，收集形式全面，注重对成语的源流、意义的考证，是一部极具功力又独树一帜的成语词典。该书出版后，刘洁修又经过多年的修改增补，于2003年出版了其续作——《成语源流大词典》。它以考源求实为本，逐条考证，发现了不少具有更早的书证，以及别的词典溯源错误的成语。如"心旷神怡"，一般词典都引宋朝范仲淹的《岳阳楼记》，但作者考证出在唐人田颖的《玉山堂文集·博浪沙行序》中就有"翌日往游百泉，用作竟夜之谈，出所为诗，读至……已为心旷神怡"之句，将该成语的来源又提前了三百多年。书中收主副条及各种变体达4.62万条之多，共计600多万字，成为迄今同类工具书中的佼佼者。

以上从成语研究专著、论文及词典的编纂三方面对成语研究进行了简单回顾，发现我国的成语研究虽然起步较晚，但在各个时期学者的共同努力下，取得了颇为丰硕的研究成果，出现了一批高质量的研究论文，编纂了一些适用性强、功能较为全面的成语词典。总体而言，当前的汉语成语研究呈现出以下优势：第一，研究范围正在不断扩大，从最初的成语界定、来源、演变、结构、特征等向后来的文化、认知、语义、对比等方向扩展。同时研究内容也在不断深化，以往对成语界定的不明确性、来源的单一性、特征的表层性正在逐步纠正、改变中。第二，成语由理论研究开始向应用研究转化，成语的教学和翻译研究正在逐渐引起学者的关注和重视。第三，由单一的语言学研究发展为跨学科研究，过去的成语研究谈语音、结构、修辞、语法，着眼点总是在语言学方面，现在视野慢慢打开，开始了交叉学科的研究，如认知语言学、社会语言学、心理学等，讨论成语的语音、结构特征在认知方面的意义，在心理学中的价值。

但是我们不得不承认在成语研究领域依然存在一些不足：第一，成语的界定问题至今没有一个让大家认可的答案。成语同惯用语、格言、俗语、谚语、一般的固定短语的划界一直存在争议，结果是现在出版的成语词典在收词方面的不一致，也导致了教材在收录成语时缺乏规范性。第二，成语在来源上也是众说纷纭，经常在同一层面上使用多重标准。如何将丰富复杂、广泛多途的成语来源梳理清楚并使之线条明晰，这也是当前亟待解决的一个问题。第三，虽然目前学界对成语语音、结构（包括语法、语义、语用）特征等多有论述，但这些讨论的内容重复性大，常不够深入；关注到的层面有限，往往着眼于某个点展开。总体缺乏对成语语音、结构特征全面系统、深入具体的研究。第三，成语应用方面的研究还有待加强。近些年关于成语教学和翻译的研究虽然数量不少，但实际上有新意、有深度的文章不多。理论研究上没有太多建树，在实践应用中取得的成果也只能是微乎其微了。

第二节　成语的界定

成语，作为历史的产物、认识的结晶、语言的精华，得到了学者全方位、多角度的研究和探索。多年来，发表的成语研究论文，出版的关于成语的著作和词典等都数量可观。但不可否认的是，对于成语的界定这一根本性问题，学术界依然是众说纷纭，没有达成什么共识，所以在此进行一番讨论则是十分必要的。

一、现有的成语定义

成语的定义是一个既重要又复杂的问题，因为它是成语研究的起点和基础，同时，它又涉及其他相关的因素，因此对成语定义有个清楚的认识是非常有必要的。

"成语"这一术语，其含义在历史上有一个发展演变的过程。古代文献中的成语往往指的是一些现成的诗文名句、俗谚等，同时也包括有出处的词和固定词组等。虽然古人注意到了这类不同于一般词语的语言现象，甚至如清人钱大昕等已经开始搜集、整理成语，辑录成卷，如《恒言录》卷六《成语类》。但在这里必须要指出的是：当时人们对成语性质的认识还只是初步的、基本的，甚至可以说是模糊的，也就不可能给成语下一个科学的定义。随着人们认识的深化及词汇学的引进和发展，人们对成语的认识渐渐清晰，"成语"作为一个语言学术语逐渐成熟并最终成为词汇学研究的重要对象。下面，我们从工具书、教科书及研究成果三个方面来看看关于成语究竟有哪些不同的定义。

（一）工具书中的定义

工具书就内容而言，广泛吸收现有的研究成果，它所提供的知识、信息通常是较为成熟，较为可靠的，所以这里选择了比较常用的四种权威工具书，列出其中对成语的定义并加以分析。

《辞海》对"成语"的解释如下：

> 熟语的一种。习用的固定词组。在汉语中多数由四个字组成。组织多样，来源不一。有些可从字面理解，如"万紫

千红""乘风破浪";有些要知道来源才懂,如"青出于蓝"出于《荀子·劝学》,"守株待兔"出于《韩非子·五蠹》。①

《辞源》对"成语"的定义是:

> 习用的古语,以及表示完整意思的定型词组或短句。《红楼梦》二八:"酒底要席上生风,一样东西,——或古诗、旧对、四书、五经、成语。"②

《现代汉语词典》中的解释是:

> 人们长期以来习用的、简洁精辟的定型词组或短句。汉语的成语大多由四个字组成,一般都有出处。有些成语从字面上不难理解,如"小题大做""后来居上"等。有些成语必须知道来源或典故才能懂得意思,如"朝三暮四""杯弓蛇影"等。③

《汉语大词典》中"成语"的定义是:

> ①习用的古语。元刘祁《归潜志》卷十二:"古文不宜蹈袭前人成语,当以奇异自强;四六宜用前人成语,复不宜生涩求异。"清李渔《闲情偶寄·词曲上·音律》:"凡作佶强聱牙之句,不合自造新言,只当引用成语。"鲁迅《坟·我之节烈观》:"不节烈(中国称不守节作'失节',不烈却并无成语。所以只能合称他'不节烈')的女子如何害了国家?"②指长期习用、结构定型、意义完整的固定词组。大多由四字组成。清任泰学《质疑·经义》:"成事不说,遂事不谏,

---

① 《辞海》,上海辞书出版社1999年版,第4699页。
② 《辞源》,商务印书馆1980年版,第1186页。
③ 《现代汉语词典》,商务印书馆1998年版,第160页。

既往不咎,或是当时成语。"赵树理《金字》:"我想了一阵,想出个模棱两可的成语来,写了'有口皆碑'四个大字。"①

(二) 教科书中的定义

教科书常是对一学科现有知识和成果的综合归纳和系统阐述,具有全面、系统、准确的特征,因此列出目前高校普遍使用的几本《现代汉语》教科书对成语的定义,具体如下:

黄伯荣、廖序东主编 2007 年版的《现代汉语》中的定义是:成语是一种相沿习用、含义丰富、具有书面语色彩的固定短语。

由胡裕树主编的《现代汉语》对成语没有给出一个明确的定义,而是具体解释为:

> 成语是一种固定词组,同惯用语的性质相近,常常作为完整的意义单位来运用,而比惯用语更为稳固。一般成语,结构紧密,不能任意更换其中的成分,也不像惯用语那样可以拆散开来插进一些成分。成语又不同于那些作为事物名称的固定词组,如"学生会主席""复旦大学中文系""作家协会""青春之歌"等。作为名称的固定词组,是反映社会发展当中所产生的事物的,虽然也不能任意拆散和随便换字,但不是现成的话,所以跟成语有区别。成语多半是有典故性的,在社会习惯上有深厚的基础,可是又不同于那些有典故性的合成词。例如"自相矛盾"是个成语,而"矛盾"是个词;"一字推敲"是个成语,而"推敲"是个词。成语虽然结构紧密,在运用上作为词的等价物来看待,但是还没有凝结成为词,还是一种固定词组。②

---

① 《汉语大词典》第五卷,汉语大词典出版社 1990 年版,第 204 页。
② 胡裕树:《现代汉语》,上海教育出版社 1995 年版,第 259 页。

张静主编并于 1980 年出版的《新编现代汉语》中则认为：成语是具有定型性、整体性、古语性、习用性的固定词组。

虽然胡本教材中对成语定义没有进行概括，但通过其分析我们可以看出以上三本有代表性的教科书对成语的解释基本一致，首先成语是一个固定短语，其次与其他固定短语相比又具有一些特性，那就是结构上有定型性，意义上有整体性，文体上有古语性，使用上有习用性。虽然这个概括已较为全面，但以此为标准来区分成语、惯用语、格言、谚语等，仍然觉得界限不清，可操作性差，难以划分。

（三）研究成果中的定义

作为成语研究的基础和关键，成语的定义历来是学者关注的焦点，这里将对比较有代表性的一些观点加以列举分析。

周祖谟先生（1959）曾对成语进行过如下阐释：

> 成语就是人们口里多少年来习用的定型的词组或短句。其中大部分都是从古代文学语言中当作一个意义完整的单位承继下来的。它的意思可以用现代语来解说，但是结构不一定能跟现代语法相合，例如"责无旁贷、义不容辞"。成语的结构是固定的，一般都是四个字，它是相沿已久、约定俗成的具有完整性的东西，所以称为"成语"。①

周先生的这番论述可以说为以后的成语定义研究奠定了基础，他总结了成语的一些基本特征：结构固定、一般为四个字，而这也为后来的研究者所采纳。

马国凡（1978）指出："成语是人们习用的、具有历史性和民族性的定型词组；汉语成语以单音节构成成分为主，基本形式为

---

① 周祖谟：《汉语词汇讲话》，人民教育出版社 1959 年版，第 57 页。

四音节。"① 史式（1979）对成语的解释是："凡在语言中长期沿用，约定俗成，一般具有固定的结构形式与组成成分，有其特定含义，不能望文生义，在句子中的功能相当于一个词的定型词组或短句，谓之成语。"② 从上述解释可以看出，关于成语的性质，这两位学者有两点是达成了共识：第一是结构的定型性；第二是使用的习用性。虽然二人在概括上各有侧重，前者说明了成语的基本形式为四字格，后者则对其句法功能作了分析。二者最大的差别是马国凡将成语归为了"定型词组"，而史式则认为是"定型词组或短句"。至于"定型词组"和"定型词组或短句"孰是孰非，下文将详细讨论，这里不再赘述。

张永言根据"成语里的各个词保存自己语义独立性的程度存在着差别"的标准，提出了成语三类说：

① 融合性成语："这类成语在语义上是一个不可分割的统一体，整体的意义已经不能从部分的意义引导出来。"如"青出于蓝""胸有成竹""脍炙人口"等。

② 综合性成语："整个成语的意义可以由各个组成部分的意义引导出来"，其"重要特征是形象化，其中许多是以比喻转义或借代转义作为基础的"。如"兴风作浪""对牛弹琴""悬崖勒马"等。

③ 组合性成语："整个成语的意义直接由组成成语的各个词的意义合成。……值得注意的是在这类成语里往往有一个成分具有不自由的受制约的意义。……组合性成语虽然不像前两类成语那么固定，但是它们也不像一般自由词组那么不固定。因此有人把它们看作介乎自由词组和成语之间的一种

---

① 马国凡：《成语》，内蒙古人民出版社 1978 年版，第 54 页。
② 史式：《汉语成语研究》，四川人民出版社 1979 年版，第 12 页。

类型。如'粗心大意''骄傲自满'。'粗'在这儿的意义是下文所要提到的'限制意义',是'粗疏、不周密'之意。这两个成语中各含两个词,都可以单用,但在这两个成语里不能换序说,其意义还是有一点整体性。"①

在这里作者虽然将成语分为三类,但都是在一个标准的前提下进行划分的,那就是意义的整体性。从意义着手界定成语的还有刘叔新(1982),他虽然没有直接给出成语的定义,但提出了一个"表意的双层性"标准,也就是"成语的重要特征,凭之基本上能同所有其他固定语区别开来的特征,是表意的双层性:字面的意义具有形象比喻作用或使人联想的作用,透过它曲折地表现仿佛处于内层的真实意义"②。该标准一经提出,王吉辉(1995)表示赞同,并对此作了进一步说明和阐释。但同时也有人发表不同观点,如温端政曾说:"有的学者把表意的双层性,作为成语区别于惯用语等其他语汇的特征,这有合理的一面,也有不足的一面。如果根据这个特征来划分,那么'背包袱''穿小鞋''喝西北风''唱对台戏''碰一鼻子灰'等都成了成语,而'从容不迫''安分守己''奋不顾身''等量齐观'等则不属于成语,这不符合人们对成语约定俗成的认识,难以被大家所接受。"③ 姚鹏慈(2002)对此表示赞同,并在此基础上提出鉴别成语时可介入一个"语感"标准。语言的复杂性要求我们判断语言现象时,不能简单地用单一标准从单一角度去衡量,往往需要综合的、多角度的对待。刘叔新主张以"表意的双层性"作为划分成语和惯用语的唯

---

① 张永言:《词汇学简论》,华中工学院出版社1982年版,第131—138页。
② 刘叔新:《固定语及其类别》,《语言研究论丛》(第二辑),天津人民出版社1984年版,第104页。
③ 温端政:《〈通用成语词典〉前言》,《语文研究》2002年第1期。

一标准，笔者认为是不够全面的。成语意义的双层性只是判定、考虑时的一个重要条件，不是唯一条件。正如徐耀民（1997）所说："单纯从表意特征方面划分成语，就会把一些其他类型的固定短语划入成语，又会把人们心目中的许多成语排斥在成语之外。"①

刘玉凯、乔云霞的《中国俗成语》收成语 8000 余个，且全是四字格，由此可以看出该书编者在确定成语时所依据的唯一标准就是形式的四字格。该观点得到了姚鹏慈的支持，他说："成语与非成语的界定，四字格具有重要作用……汉语成语基本上都是四字格。"② 应该说，"四字格"是汉语成语最基本最主要的形式，但仅仅以"四字格"为唯一标准判定成语与否则未免有失偏颇。一般说来，诸如"闭门羹""疾风扫落叶""手无缚鸡之力""醉翁之意不在酒""燕雀安知鸿鹄之志"等虽然都不是四个字，但都应该是成语。而有些语言单位从字数看是四个字，符合"四字格"的标准，如"挤蛇出脚""摆龙门阵""七拱八翘"等，但通常则不认为是成语。

温端政（2006）对成语的定义是"二二相承的描述语和表述语"。这种"二二相承"多数表现在语法或语义结构上，因为相当一部分成语是并列结构，如"风声鹤唳""正本清源""流言蜚语"等。在语音结构上也有体现，即读音都是二二音步。通过分析不难看出，这里的"二二相承"实际上是对"四字格"标准的进一步发挥，也就是从字数、音步、结构、语义四个方面对四字格加以限定。不可否认，"二二相承"是对"四字格"标准的一个改进和完善，但它是在"四字格"基础上提出的，所以问题依然存在。

如果说上述张永言、刘叔新、刘玉凯、温端政所持的都是单

---

① 徐耀民：《成语的划界、定型和释义问题》，《中国语文》1997 年第 1 期。
② 姚鹏慈：《试论汉语成语的长度》，《广播电视大学学报》1998 年第 1 期。

一标准的话，那么下面所论及的观点则都是多重标准。如倪宝元、姚鹏慈在《成语九章》中对成语的界定是："成语是人们长期习用的、意义完整、结构稳固、形式简洁、整体应用的定型词组……成语的特点是历史的习用性、意义的完整性、结构的稳定性、形式的简洁性、应用的整体性。"[1] 周荐提出了成语的"经典性"原则，具体为："熟语下分两大类，一类叫作俗语，另一类可以称作雅言。成语即属于雅言。成语这种雅言，从意义内容上看，与俗语判然有别——成语的语素多是古朴、典雅的；从结构形式上看，也与俗语迥然有异——成语的形式多为四字格。成语的内容和形式上的特点构成了成语区别于俗语的特殊性质——经典性。"[2] 徐耀民（1997）则指出成语需具备以下特征：现成、习用的；有较强的修辞功能；外在形式为四音节，且结构定型；是短语而非词、句。乔永（2006）针对成语鉴别与成语词典收词标准，提出成语有以下基本特性：词组性、凝固性、骈偶性、潜意性、典雅性、历史性和习用性，同时主张对成语审检采用量化定性法，也就是一个语言单位只要具备这七种基本特性的五种以上，就可断定为成语。

相对于单一标准而言，用多重标准对成语加以界定体现了人们对成语认识的进一步深入。作为一种复杂的语言现象，人们发现任何单纯的一个标准是无法将成语准确地界定出来的，而唯有综合地运用多重标准，从多个角度对其进行考量，这样划定出来的成语才可能被大众认可。但也必须承认的是，这种多维度考察的多重标准，也有自身的局限性：它只适用于大多数的情况，不是每条成语都能符合各项原则。基于此，上面提到的乔永采用

---

[1] 倪宝元、姚鹏慈：《成语九章》，浙江教育出版社1990年版，第35—39页。
[2] 周荐：《论成语的经典性》，《南开学报》1997年第2期。

"凡一短语具备七种基本特性的五种以上，就可断定其是成语"[①]的方法可作为权宜之计。

二、关于成语定义的再探讨

以上从工具书、教科书、研究成果三个方面对一些比较有代表性的成语定义进行了列举分析，由此我们发现在该问题上学术界仍然处于众说纷纭、莫衷一是的状态，所以对此还有进一步讨论的必要。以下我们从成语的外延和内涵两个方面展开论述。

（一）成语的外延

通过前面的列举比较，我们发现，上述定义对成语范围的划分可以概括为两种：第一种认为成语是定型词组或短句，《辞源》《现代汉语词典》、周祖谟及史式的《汉语成语研究》就是这种看法；第二种认为成语是固定词组（或定型词组，或固定短语），持这种观点的有《辞海》《成语》，黄、胡、张本的《现代汉语》及大多数研究者。这里还要提到的一点是，刘洁修（1985）在《成语》一书中提出了"二字成语"这样一个概念，主张将由两个单音词组合而成的如"推敲""涂鸦""鸡肋""烂柯"等词归入成语之中。其实刘先生借以论证是"二字成语"的"推敲""矛盾"等都应当是词而不是成语。那么这里就需要解释成语同定型短句的区别是什么，成语同词又有什么不同，再或者成语和自由短语又是如何区分呢的。

1. 成语和定型短句的区别

弄清成语和定型短句的区别，也就清楚了成语究竟是固定词

[①] 乔永：《成语鉴别与成语词典收词标准的量化定性研究》，《语文研究》2006年第4期。

组,还是定型词组或短句了。我们知道固定词组是词和词的组合,在句法功能上相当于一个词,可以在句子中充当任何句法成分,使用相当灵活,这是词组具有而短句不具有的一个特征。而定型短句是一个独立的句子,有着完整的句调和语气,能表达一种判断和思想,往往是单独成句,虽然也能充当句法成分,但受到的限制则较大。可以说固定词组是一种语言的建筑材料,而定型短句则是现成的言语现象。所以成语指的是那些充当建筑材料的固定词组,不包括独立成句的定型短句。再者从社会心理看,无论是语言的使用者还是接受者,绝大部分人认为成语是词组而不是短句。

2. 成语和词的区别

成语是词汇当中的固定词组,其基本形式是四字格。词由语素构成,是语言中最小的能够独立运用的有音有义单位。根据构成语素的多少,词又可分为单纯词和合成词。

刘洁修先生提出"推敲""矛盾"等是由两个单音词组合而成的成语,这完全混淆了成语同其他语言单位的区别,应该指出上述他所谓的"二字成语"实则为由两个语素构成的合成词。其实双音节词同作为固定词组的成语还是很容易区分的。这里需要讨论的是成语同多音节词,尤其是四音节词之间的区分问题。

有不少四个字的语言单位,在形式上同成语的四字格很相似,但细加分析,其实只能算作词。如"黑不溜秋""灰里叭叽""马里马虎""小里小气""黑咕隆咚"都是带有词缀的形容词;"噼里啪啦""叽里咕噜""叮叮当当""稀里哗啦"都是拟声词;很多人以为是成语的"歇斯底里"是个音译外来词,上述这些都是四个字的词,而不是词组,所以都不能算作成语。

这里需要注意的一点是,AABB式成语容易和一些词的重叠形式相混淆。如第一组为"口口声声""心心念念""兢兢业业""原原本本""吞吞吐吐""林林总总""唯唯诺诺""纷纷扰扰""熙熙攘攘""期期艾艾""郁郁葱葱"等;第二组为"清清楚楚""高高兴兴""痛痛快快""慌慌张张""马马虎虎""时时刻刻""奇奇怪怪""是是非非""子子孙孙"等。虽则两组外在形式一致,但通过比较可以看出:第一组结构固定,意义有整体性,具有书面语性和习用性,是成语;而第二组则不是成语,只是"清楚""高兴""痛快""慌张""马虎""时刻""奇怪""子孙"等词的重叠式。

3. 成语和自由词组的区别

所谓的自由词组与固定词组相对,是词跟词按表达需要的临时组合。成语同自由词组最大的区别就在于成语的结构是固定的,包括构成的语素和组合的次序,而自由词组则是一个临时搭配,是可根据需要变换其成员的。如"众志成城""唇亡齿寒""蛛丝马迹""痛心疾首"等是成语。以"蛛丝马迹"为例,它是由"蛛""丝""马""迹"四个语素构成,首先这四个语素之间具有凝固性,不能随意换成别的语素,"马"不能换成"牛""羊","迹"也不能换成"痕""象","蛛"和"丝"同样如此。其次"蛛丝"和"马迹"之间的组合顺序也是固定的,虽然二者是并列关系,调整前后语序不会改变意义,但成语结构的固定性决定了只能是"蛛丝马迹"而不能是"马迹蛛丝"。最后成语各组成部分的凝固性表明其中是不能插入其他任何语言成分的,在不改变成语意义的前提下,要在"蛛丝"和"马迹"之间插入连词"和""与""及"变为"蛛丝和马迹""蛛丝与马迹""蛛丝及马迹"都是人们所不能接受的。自由词组如"艰苦朴素""骄傲自满""简明扼要""酸甜苦辣"。以"骄傲自满"为例:根据需要,可以改变其中的语素，变成"骄傲自大"；也可以调整前后语序，成为"自满骄傲"；同样还能在中间插入其他词语，变作"骄傲与自满"等。

在自由词组中，有以下几种情况需要注意：

第一，某些成语的固定格式经过活用或仿用而形成的一些四字格。如成语"有板有眼""有声有色"中的"有A有B"式；"不卑不亢""不伦不类""不屈不挠""不即不离"中的"不A不B"式；"七手八脚""七零八落"中的"七A八B"式；"大手大脚""大风大浪"中的"大A大B"式；"可歌可泣"中的"可A可B"式等。这些固定结构在现代生活交际中，经过人们的化用、仿用或活用，形成了一批使用频率较高的四字格，如"有血有肉""有吃有穿""有零有整""有儿有女"，"不离不弃""不冷不热""不咸不淡""不上不下""不大不小""不高不低""不前不后""不早不晚"，"七上八下""七拼八凑""七长八短""七大八小""七颠八倒""七高八低""七横八竖""七孔八洞""七老八十"，"大鱼大肉""大红大绿""大喊大叫""大吃大喝"，"可多可少""可上可下""可圈可点""可高可低""可大可小"等。这些四字格结构就外在形式看，跟成语有相似之处，但其结构较成语而言有很大的自由度，且在意义、语体等方面二者之间也存在差别。若将其看作成语，范围不免显得有些宽泛，所以应该归入自由短语之中。

第二，近些年随着互联网的普及，网络语言迅猛发展，出现了不少网友自创的四字格结构。如不明觉厉（即"虽不明，但觉厉"，也就是"虽然不明白对方在说什么，但好像很厉害的样子"。用于表达菜鸟对高手的崇拜，也用于调侃楼主语言行为夸张和不知所云）、聚打酱油（指一些人对新事物漠不关心，只是路过，没有什么意见)、十动然拒（十分感动，然后拒绝）、累觉不爱（是"很累，感觉自己不会再爱了"的缩略形式)、月球挖坑（也作"欧阳挖坑"，形容拥有一定身份的人说话不严谨，下结论极不负责任）等。这些四字格结构往往还是有"典故"的，也就是有一定出处。如"谁死鹿手"就源于"三鹿"毒奶粉对大量婴幼儿造成的身体危害事件，该事件引发了民众对食品安全问题的关注与紧张，通过对成语"鹿死谁手"的改造，用"谁死鹿手"表达了人们对目前食品安全问题的焦虑及无奈，并隐含了在面对受利益驱使的无良商家时人们的脆弱和无助。这类在网络语言中新出现的四字格结构有研究者将其称为"网络新成语"，并对此进行了研究，如刘琴（2009）对"正龙拍虎""兆山羡鬼""黔驴三撑""猪涂口红"等十大网络流行的"新成语"作了简单的分析探讨；邵倩（2014）分析了这些"新成语"所运用的各种"偏离"手段，以及由此创造出的含蓄、另类、幽默、暗讽等艺术效果；周嘉雯（2014）则讨论了网络"新成语"的传播机制，并指出了它有别于传统传播的特殊所在。那这些四字格结构能否归入成语一类呢？我们认为目前应该还不算成语。虽然它们形式上是四字格，意义上也具有整体性，但结构还不是完全固定，较为随意，而且以后能否在社会交际中一直流传下去，从而具有习用性还是未知的。

以上我们论述了成语的外延，将成语同定型短句、词和自由词组进行了区分，最终认为成语应当属于固定词组。那作为固定词组，成语又具有怎样的本质属性，它的内涵是什么呢？

（二）成语的内涵

界定了成语的外延，再来阐述它的内涵。下面我们来看看都是熟语，成语和其中的惯用语、歇后语、谚语、格言等语言单位有什么区别。

1. 成语和惯用语的区别

熟语内部的成语和惯用语是较易混淆、难以区分的两个语汇单位。相对于成语而言，"惯用语"这个名称出现较晚，《辞海》对惯用语的解释如下：

> 熟语的一种。惯常作为完整的意义单位来运用的固定词组，其整体意义不是各组成分个体意义的相加，而是通过比喻等手段所造成的一种修辞意义；口语色彩较浓。如："炒冷饭"，喻指重复已经做过的事；"开倒车"，喻指向后倒退。①

《现代汉语词典》第5版（以前的版本皆未收录"惯用语"词条）将惯用语界定为：

> 熟语的一种，常以口语色彩较浓的固定词组表达一个完整的意思，多用其比喻意义，如"开夜车""扯后腿""卖关子"等。②

黄伯荣、廖序东主编的《现代汉语》中对惯用语的定义是：

> 惯用语是指口语中短小定型的习用的短语，大都是三字的动宾短语，也有其他格式的……含义简明、形象生动、通俗有趣，是惯用语的主要特征。③

马国凡、高歌东在《惯用语》一书中说：

> 惯用语是一种定型词组，它从意义到结构都是完整的、统一的……惯用语在语言结构上，音节都很短，多数是三个音节的动宾结构词组。例如：打埋伏、打游击、戴高帽、捧

---

① 《辞海》，上海辞书出版社1999年版，第2818页。
② 《现代汉语词典》，商务印书馆2005年版，第467页。
③ 黄伯荣、廖序东：《现代汉语》，高等教育出版社2007年版，第269页。

臭脚、唱双簧、和稀泥、拆烂污、拍马屁。非三字结构的或非动宾结构的数量较三字动宾结构的为少，如：狗扯皮、鬼画符、贱骨头、吃大锅饭、摸老虎屁股。①

从这些定义我们可以归纳出惯用语的几个特点：结构的定型性，意义的完整性，语体的口语性，字数以三音节为常，结构以动宾结构为多。我们将惯用语的这些特点同成语比较，发现结构的定型性和意义的完整性是二者的相同之处，这也正是二者容易混淆的原因所在。

成语和惯用语的差别首先表现在字数方面：成语的基本形式为四字格，而惯用语则是三音节较为常见。我们知道绝大多数的成语都是四个字的，笔者曾对甘肃师范大学中文系编写的《汉语成语词典》进行统计，发现其中所收录的5446条成语中，四字成语有5077条，占总数的93.22%，如"厉兵秣马""巧舌如簧""曲高和寡""阳奉阴违""否极泰来"等。当然，成语虽以四字格为其基本形式，但并非所有四个字的语言单位都是成语（这在上文已有讨论，此处不再赘述），且不是所有的成语都是四个字，如"鸟兽散""病笃乱投医""如入无人之境""多行不义必自毙""不知人间有羞耻事"等，但总的来说，这些非四字格成语数量很少。惯用语其基本格式为三个字，如周荐曾对《汉语惯用语大词典》进行统计，发现该词典共收惯用语14120条，其中三个字的有8087个，占到总数的57.27%。如"挖墙脚""碰钉子""拍马屁""穿小鞋""出风头"等。从统计数据可以看出，虽然惯用语中三个字的比较多，但显然还未像四字成语那样形成绝对优势，非三字格惯用语，如"过独木桥""脚踩两只船""吃不完兜着走""打

---

① 马国凡、高歌东：《惯用语》，内蒙古人民出版社1982年版，第2—3页。

开天窗说亮话""跑了和尚跑不了庙"等也大量存在。通过以上分析可以看出，以字数来区分成语和惯用语虽然简单明了，易于操作，但因成语、惯用语内部的复杂性，还不能将其作为区分二者的唯一标准，只能当作一个重要参项。

二者的差别其次表现在语体方面：成语往往具有书面色彩，而惯用语则口语色彩较浓。大量的成语是从古代发展沿用而来，它们有的来源于远古的神话传说，如"开天辟地""夸父逐日""天衣无缝""日月合璧"等；有的来源于古籍中的寓言故事，如"亡羊补牢""庖丁解牛""刻舟求剑""愚公移山"等；有的来源于真实的历史典故，如"破釜沉舟""草木皆兵""卧薪尝胆""背水一战"等；有的来源于典雅的文人语言，如"厚德载物""风雨飘摇""大器晚成""平分秋色"等。而且越是离现在远的时代，遗留下来的成语也就越多。肖竹声（1987）曾对《汉语成语词典》（上海教育出版社，1982年版）中的4600条成语进行统计，发现以下情况（见表1）。

表1 中国历代产生的成语数量统计

来源时代	起止年代	条　数	百分比（%）
上古—秦汉	上古——189年	3128	0.68
魏晋南北朝	190——589年	690	0.15
隋唐	581——978年	414	0.09
宋	960——1279年	276	0.06
元明清	1279——1918年	92	0.02
合计	上古——1918年	4600	1.00

上述原因使得成语带有了明显的书面语色彩。而惯用语从其来源看，有的是源于日常生活，如"大锅饭""豆腐渣""肥皂泡"

"钓大鱼"等；有的源于行业用语，如"下赌注""对台戏""红眼病""翻老账"等；有的源于各地方言，如"拆烂污""炒鱿鱼""触霉头""敲竹杠"等；有的从谚语、歇后语转化而来，如"抱佛脚"源自谚语"平时不烧香，急来抱佛脚"，"墙头草"源自谚语"墙头草，随风倒"，"铁公鸡"源自歇后语"铁公鸡——一毛不拔"，"一锅粥"源自歇后语"醉雷公上锅台——一锅粥"等。这些来源出处使得惯用语有了鲜明的口语色彩。所以同样表达"有意迎合别人，竭力向人讨好"之意，成语用含蓄典雅的书面语"阿谀奉承"，而惯用语则用浅显通俗的口语"拍马屁"；表达"在行家面前卖弄本领"，成语用"班门弄斧"，惯用语则用"关公门前耍大刀"；表达"奉承依附有权有势的人"，成语用"趋炎附势"，惯用语用"抱粗腿"等。

再次，成语和惯用语之间的不同还表现在结构的凝固性方面。一般来说，成语的定型程度较高，其内部结构常常是固定不变的，既不能拆开，插入其他成分，也不能颠倒前后顺序。而惯用语的定型程度则较成语要低，其结构较为灵活松散，尤其是惯用语中的动宾结构，中间往往可以插入一些其他词语，如"敲边鼓"可以说成"敲了半天边鼓"，"露马脚"说成"露出了他的马脚"，"碰钉子"说成"碰了一个大钉子"，"抓辫子"说成"抓住你的小辫子"等。

作为熟语的两大组成部分，成语和惯用语在结构和特征上有着自身的复杂性，同时二者又多有交叉，要对它们两者做一泾渭分明的划分难度很大，因此以任何单一的标准对此进行区分都是不可能的。刘叔新（1984）、王吉辉（1998）提出用"表意的双层性"来区分成语和惯用语：成语有着双层性的含义，如"井底之蛙""穿小鞋"等，除了字面意义还含有表层之下的深层意义；惯用语在意义表达上则是单层的，如"举世瞩目""抱不平"等，其所表达的意义就等同于字面上的意义。这一标准虽然简洁明了，易于掌握，能据此将成语、惯用语同意义有无双层性整齐地对应起来。但问题首先在于由此划分出来的成语和惯用语不仅和多数人对成语、惯用语的认识不一致，与人们的语感有差别，而且基本上所有的成语、惯用语词典都要重新收词，重新编写。同时如何才算是具备了意义的双层性，这本身就不容易判别。连王吉辉自己都说："固定语具备了什么样的意义状态才算是有双层性，有时的确令人颇费踌躇。"[1] 所以仅凭"表意的双层性"来区分成语和惯用语显然是不可能的。而上面所提到的字数、语体、结构凝固性等差别也不能作为唯一标准来对二者进行区分，只能从一个语汇单位的音节数目、语体特征、结构凝固性的强弱、内部的结构关系等方面对其进行综合考量。

2. 成语和歇后语的区别

作为汉语语汇系统中别具一格的特殊单位，歇后语以其生动的表现形式和丰富的表现力被人民群众广泛使用。了解成语和歇后语的区别及其关系对深入探究成语特征有着重要意义。

《现代汉语词典》第5版对歇后语的界定是：

> 由两部分组成的一句话，前一部分像谜面，后一部分像谜底，通常只说前一部分，而本意在后一部分。如"泥菩萨过江——自身难保"，"外甥打灯笼——照舅（旧）"。[2]

黄伯荣、廖序东主编的《现代汉语》中对歇后语的定义是：

> 歇后语是由近似于谜面、谜底的两部分组成的带有隐语

---

[1] 王吉辉：《成语的范围界定及其意义的双层性》，《南开学报》1995年第6期。
[2] 《现代汉语词典》，商务印书馆2005年版，第1391页。

性质的口头固定短语。前一部分是比喻或说出一个事物,像谜语里的"谜面";后一部分像"谜底",是真意所在。两部分之间有间歇,间歇之后的部分有时不说出来,让人猜想它的含义,所以叫歇后语。①

由此可知,现在我们通常所谓的歇后语"由前后两个语节组成"②,前一语节意在引出后一语节,而后一语节则是对前一语节的解释说明,前后两语节之间往往有较长的停顿(书面上通常用破折号表示)。如"飞蛾扑火——自取灭亡""公鸡下蛋——没指望""皮球掉在油缸里——又圆又滑""和尚的脑袋——没法(发)""卖布不带尺——存心不良(量)"等,这和基本形式为四字格的成语有着明显的差异。但正如上面定义中所说,歇后语"通常只说前一部分","间歇之后的部分有时不说出来",如"周瑜打黄盖——一个愿打,一个愿挨"常常只说"周瑜打黄盖","哑巴吃黄连——有苦说不出"也经常表示为"哑巴吃黄连","猪八戒照镜子"则往往用来代表"猪八戒照镜子——里外不是人",用"飞蛾扑火"表示"飞蛾扑火——自取灭亡"。这种情况下,如何区分该语言单位究竟是歇后语还是成语呢?

首先,成语和歇后语有雅俗之分。"成语多出自权威性的著作,如十三经、官修和私撰的正史、子书和集书中的名家名作,因而具有经典性;成语之外的别类熟语,如谚语、歇后语、惯用语,则很少出自权威性的著作而多是随机的口头创作或出自俗白的作品,因而不具经典性。……熟语有雅俗之分,成语是属于雅言的。"③而歇后语作为我国人民在长期的生活实践中创造的一种

---

① 黄伯荣、廖序东:《现代汉语》,高等教育出版社 2007 年版,第 269 页。
② 温端政:《汉语语汇学》,商务印书馆 2006 年版,第 351 页。
③ 周荐:《论成语的经典性》,《南开学报》1997 年第 2 期。

特殊的语言形式，频繁出现在人们日常交流的口语及各种文学作品中，具有鲜明的口语性，正如温端政所说，"歇后语是典型的俗语"[①]。

其次，从结构的凝固性来说，成语结构较为稳定，不仅构成成语的各语言成分一般不能改变，而且连前后的语序也基本不变。歇后语因一般在口语中使用，且在不同的方言区和社会群体中存在不同的使用情况，所以变体形式非常丰富。如"茶壶里煮饺子——倒不出来"就有"茶壶里煮饺子——有嘴倒（道）不出"，"茶壶里煮饺子——有货倒（道）不出"，"茶壶里装饺子——倒不出来"，"茶壶里煮饺子——肚里有话，倒不出来"，"茶壶里煮饺子——肚里有话"，"茶壶里煮饺子——心里有数"，"茶壶里煮饺子——肚里亮"等变体。

虽然成语和歇后语存在上述差别，但这里必须明确的一点是歇后语的前一语节或后一语节同成语可能会有交叉。如"掩耳盗铃——自欺欺人"中的"掩耳盗铃"和"自欺欺人"，"小葱拌豆腐——一清二白"中的"一清二白"，"快刀斩乱麻——一刀两断"中的"一刀两断"，"鸡毛炒韭菜——乱七八糟"中的"乱七八糟"，"黄连树下弹琴——苦中作乐"中的"苦中作乐"等。这些语言成分是将它们看作成语还是歇后语呢？我们认为如果该语言形式是作为歇后语的前一语节或后一语节出现在完整的歇后语中，那它肯定是歇后语无疑。但如果是在单独使用时，则应该看作成语。因为"它们在进入歇后语前就已经存在，歇后语产生后也一直和歇后语各自在语言系统中独立使用"[②]。

[①] 温端政：《汉语语汇学》，商务印书馆2006年版，第348页。
[②] 陈长书：《试论现代汉语歇后语的分离性和同一性问题》，《辞书研究》2012年第6期。

3. 成语和谚语的区别

谚语有广义和狭义之分，广义的谚语指的是人们口语中广泛流传的通俗且简练的语言单位，相当于今天所谓的"俗语"，包括谚语、惯用语、歇后语等。我们这里的谚语指的是狭义的谚语，《辞海》将其解释为：

> 熟语的一种。流传于民间的简练通俗而富有意义的语句，大多反映人民生活和斗争的经验。如"人多力齐推倒山，众人拾柴火焰高"等。①

武占坤、马国凡合著的《谚语》中给谚语下的定义是：

> 谚语是通俗简练、生动活泼的韵语或短句，它经常以口语的形式，在人民中间广泛地沿用和流传，是人民群众表现实际生活经验或感受的一种"现成话"。②

由上述定义我们可以看出，成语和谚语最大的区别在于成语是固定词组，在使用中往往相当于一个词，通常不能单独用来成为句子，表达意思，如"好高骛远""井底之蛙""龙腾虎跃""痛心疾首""蝇营狗苟"等。而谚语从语法角度来说是完整的句子，常用来表达某个源于经验的观察或判断。正如孙治平所说："谚语是完整的句子，表示判断或者推理，可以用来印证、替代自己的观点；成语、歇后语、俗语一般只能充当句子的成分，起对客观事物现象的性质、状态、程度等进行具体的形容和表述等作用。"③谚语通过大家熟知的事物和比喻，反映了人们长时间以来所积累的经验或形成的价值观，用以说服他人，并以此指导人们的日常

---

① 《辞海》，上海辞书出版社1999年版，第1153页。
② 武占坤、马国凡：《谚语》，内蒙古人民出版社1980年版，第3页。
③ 孙治平等：《谚语两千条》，上海文艺出版社1984年版，第2—3页。

生活。因为古代我国是个农业国家，所以最早记录下来的是一些"农谚"和"气象谚语"，如"耕地深又早，庄稼百样好""水是庄稼宝，四季不能少""小满芝麻芒种谷，过了冬至种大麦""朝霞出雨，晚霞出晴""月亮打黄伞，三天晴不到晚"等。后来陆续发展到了社会生活的方方面面，如"燕子衔泥垒大窝""一木不成林，一花不成春""一朝被蛇咬，十年怕井绳""人不可以貌相，海水不可以斗量""小河涨水大河满，小河没水大河干"等。

其次，二者之别在于文白和雅俗。根据文白、雅俗的标准，可以得出"文、雅"者为成语，而"白、俗"者则为谚语。我们知道成语历经几千年的文化积淀，很多都是直接从古代典籍中得来，因此具有典雅的书面语特点。而谚语存在并活跃于普通民众的口中，是社会通行的口头文学的袖珍版本，"谣谚之兴，其始止发乎语言，未著于文字"①，具有鲜明的口语性、群众性，所以谚语有通俗的口语特点。如"一曝十寒"是成语，"三天打鱼，两天晒网"是谚语；"吹毛求疵"是成语，"鸡蛋里面挑骨头"是谚语；"未雨绸缪"是成语，"晴带雨伞，饱带饥粮"是谚语；"饮水思源"是成语，"吃水不忘打井人"是谚语等。

再次，相对于成语而言，谚语结构上较为灵活，也就是说只要谚语在结构上大体相似，换字、增字、减字都是可以的。如"三个臭皮匠，顶个诸葛亮"可以说成"三个臭皮匠，变成诸葛亮"或者"三个臭皮匠，赛过诸葛亮"；"心急吃不得热粥""心急吃不上热馒头""心急吃不了热豆腐"三个谚语表达的意思也是一样的；"二人同心，其利断金"也可以说"二人合心，黄土变金""全家合心，黄土变金""众人一条心，黄土变成金"等。

成语和谚语虽是汉语中风格迥异的两大类语汇单位，但需要

---

① 杜文澜：《古谣谚》，中华书局1958年版，第6页。

指出的是，谚语是成语的来源之一，"部分谚语可以通过选择、提炼、加工进入书面，成为成语"①。如"辅车相依，唇亡齿寒"是谚语，经过削减，变作"唇亡齿寒"则是成语；"以子之矛，攻子之盾"是谚语，提炼为"自相矛盾"就是成语；"尺有所短，寸有所长"是谚语，浓缩为"尺短寸长"是成语；"水至清则无鱼，人至察则无徒"是谚语，加工为"水清无鱼"是成语。

4. 成语和格言的区别

所谓格言，《现代汉语词典》对其解释为：

> 含有劝诫和教育意义的话，一般较为精练，如"满招损，谦受益""虚心使人进步，骄傲使人落后"。②

格言和成语相比，首先它通常是个完整的陈述，可以独立成句。如出自庄子的格言"哀莫大于心死，愁莫大于无志"，它是对以往生活经验的总结，用来说明一个道理，所以在实际运用中常常作为独立的句子而加以引用。成语在使用的时候，一般在句子当中充当句法成分，还是相当于一个词。即使是一些主谓结构的成语，如"日薄西山"虽然主语、谓语、宾语全都具备，但在具体运用时对语言环境还是有很大的依赖性，必须依附主语或其他句法成分，有相应的词语补充才能成句使用。

同谚语一样，格言也是用完整的句子表示某种判断和观察，但格言多为个人的言语作品，往往出自过去一些著名作家的作品，常被作为一种行为准则而加以引用，因此在语言形式方面具有书面语色彩。正因如此，格言同成语混淆的情况较为常见。如"满招损，谦受益"具有鲜明的书面语色彩，且结构稳定，很少变化，

---

① 史式：《汉语成语研究》，四川人民出版社1979年版，第77页。
② 《现代汉语词典》，商务印书馆2005年版，第424页。

有些成语词典就将其收入。其实"满招损,谦受益"本身可以独立成句,这和成语首先就有了区别。再者成语往往具有意义的双层性,而格言则相对直白,通常是字面意义的简单相加,如"虚心使人进步,骄傲使人落后""天下本无事,庸人自扰之""智者千虑,必有一失""勿以恶小而为之,勿以善小而不为""树欲静而风不止,子欲养而亲不待"等。由此可以看出,"满招损,谦受益"是格言,而非成语。

不可否认,很多成语源自格言,格言是成语的来源之一。如"瓜田不纳履,李下不正冠"是格言,但经过提炼,变作"瓜田李下"则是成语;"先天下之忧而忧,后天下之乐而乐"是格言,浓缩为"先忧后乐"是成语;"天下本无事,庸人自扰之"是格言,但精简后的"庸人自扰"就是成语。

5. 成语和典故的关系

作为一种生动凝练的语言形式,典故因其特有的表达效果而被人们久用不衰。但因典故和成语形式和意义上的相似重合,有人把典故与成语合在一起并称为"成语典故"或"典故成语",这就使得大家往往对二者认识不清,混为一谈。

《现代汉语词典》对典故的界定是:

　　诗文里引用的古书中的故事或词句。[1]

缘何成语和典故容易混淆呢?因为二者存在一些相似重合之处,有相当一部分的成语本身就包含典故。有的成语包含一个典故,如"刻舟求剑""缘木求鱼""杯弓蛇影""守株待兔""风声鹤唳""一箭双雕""揠苗助长""望梅止渴"等。有的成语包含两

---

[1] 《现代汉语词典》,商务印书馆 2005 年版,第 280 页。

个典故，如"结草衔环""悬梁刺股""囊萤映雪""让枣推梨""春风化雨"等。有的成语是由一个典故和另一个相关词语构成，如"功败垂成""笔走龙蛇""故步自封""膏粱子弟""不敢问津"等。

虽然很多成语都包含典故，这个数量应该不在少数，但是典故和成语，二者是不能画等号的。首先它们的语词格式不同，成语的基本形式是四字格，且一旦形成其内部结构较为固定，基本不变；而典故对外在形式要求不高，只要是有来源出处的故事或词句都可以，如典故"圣人无常师"，典出《论语·子张》："夫子焉不学？而亦何常师之有？"甚至是同一个意思，典故可以用不同的词语形式来表现。如《列子·天瑞》中出了一个成语"杞人忧天"，作为成语，它的构成语素、内部语序都是固定不变的。但同样的这个意思会以不同的典故形式呈现，如文天祥在《赴阙》中说："壮心欲填海，苦胆为忧天。"梁启超在《保教非所以尊孔论》中说："持保教论者，勿以我为杞人也。"一个是"忧天"，一个则是"杞人"。

其次，二者的不同还表现在典故重在有"典"有"故"，而成语未必都要有"典"与"故"，也就是说典故侧重在"故"，看它有没有故实，而成语则侧重在"成"，看它有没有文献的印证。正如潘允中所说："它们的区别，大致说来，典故必须包含有一段故事，表明它的来源，一般需要加以解释，才能让人明白。成语虽然也有出处，但不必就是故事。"[①] 如"陈词滥调""遍体鳞伤""黯然失色"等固定词组虽在前代文献中使用，属于成语，但它们本身并没有包含故实，因而不是典故。

以上我们分析了成语的外延，将成语同定型短句、词和自由短语进行了区分，同时论述了其内涵，将成语同惯用语、歇后语、

[①] 潘允中：《汉语成语、典故的形成和发展》，《中山大学学报》1980 年第 2 期。

谚语、格言和典故加以区别，在此基础上我们如何对成语进行界定呢？

从形式来看，成语大多数是由四个字组成的。这是成语和熟语中的惯用语、歇后语、谚语、格言等的重要区别。成语四字格化是由成语的节奏美和旋律感，形式的整齐均衡，结构的简明多样及表意的形象生动等因素共同作用的结果，下文将详细讨论，这里不再赘述。

从结构来看，成语具有明显的定型性。其定型性的明显不仅相对于别的固定词组而言，就是在熟语中成语的定型性也是最强的。一般的词组是词与词按照语法的自由组合，而成语则是从书面语中作为固定的语言单位承继下来的，它的定型性以语言的稳固性为依据。具体表现为：①成语的构成成分是固定的，一般不能用其他的字词来替换；②成语构成成分的词序是固定的，一般不能任意变动词序，有些并列式的成语虽然能前后颠倒次序，但也要受到语音、语义、语法功能等多方面的限制；③成语的结构固定紧密，一般不能拆散开来插进一些成分。

从意义来看，成语具有整体性，也就是它的意义往往不是其构成成分意义的简单相加，而是在其构成成分的意义基础上进一步概括出来的整体意义。对此，学者有较多论述：张世禄先生（1985）认为成语"是一个完整的意义单位"，向光忠（1982）说"成语的实际内容，是高度融合的整体"，倪宝元、姚鹏慈（1990）指出成语的一个特点是"意义的完整性"，刘叔新（1990）则认为"意义的双层性是汉语成语的区别性特征"。

从语体来看，成语具有鲜明的书面语色彩，而惯用语、歇后语、谚语等则具有明显的口语色彩。无论是成语的意义内容，还是它的语素结构，都具有书面性。正如马国凡（1978）所言："成语所用的语言成分，带有强烈的书面语性质。"武占坤（1983）则说："成语语体风格，属于书面语词汇的性质……从而和'谚语''歇后语''惯用语'等区别开来。"

从运用来看，成语具有习用性。成语的习用性是指它长时期在书面语和口语各范围内被人们广泛使用，我们可以从时间和空间两个角度来考察。从时间上说，许多成语是从几千年以前流传下来的。据卢卓群（1991）统计，《汉语成语词典》[①] 收成语 10158 条，只有现代用例的占 3.7%，没有语源和用例的占 5.8%。可以肯定，从古代相沿至今的成语占 90% 以上。就空间而言，成语绝不是某一地区、某一行业、某一阶层的人所使用的，它是全社会的语言财富，它是全体人民的智慧结晶。

我们通过对成语外延和内涵的综合考察，将成语定义为：成语是熟语的一种，是相沿习用的，具有书面色彩的，意义凝固的固定词组，其基本形式是"四字格"。

---

① 李一华、吕德申：《汉语成语词典》，四川辞书出版社 1985 年版。

第二章　成语的来源

明确了成语的定义,我们再来看它的来源。对成语来源进行探讨有着语义学、语源学、语用学方面的理论意义,探明其历史面貌,有助于了解成语的实际含义,把握成语的具体用法。

首先来看看学术界对成语来源的划分,我们概括出了五种比较有代表性的观点,现分别介绍如下:

第一种观点认为成语来源有三个方面,首先是当代新产生、创造的,如"高歌猛进""力争上游""漠不关心""舍己为人"等。其次是历史继承的,其中有两个大的系统,一个是书面语系统,一个是口语系统。源自书面语系统的成语包括:来源于寓言故事的,如"愚公移山""叶公好龙""黔驴之技""自相矛盾"等;来源于神话或其他传说的,如"夸父逐日""黄粱美梦""为虎作伥""世外桃源"等;来源于历史事件的,如"城下之盟""初出茅庐""取而代之""草木皆兵"等;来源于作品名句的,如"高朋满座""根深蒂固""旗鼓相当""咬文嚼字"等。最后是从别的民族语言中借用的,如"火中取栗""现身说法""心花怒放""象牙之塔"等。持这种观点的学者以马国凡为代表。

第二种观点指出成语来源广泛，主要有四个方面，分别是：源于神话寓言的，如"精卫填海""愚公移山""刻舟求剑""火中取栗"等；源于历史故事的，如"望梅止渴""四面楚歌""闻鸡起舞""夜郎自大"等；源于诗文语句的，如"老骥伏枥""一视同仁""短兵相接""舍生取义"等；源于口头俗语的，如"一干二净""狼子野心""众志成城""指手画脚"等。持这种观点的以黄伯荣、廖序东、张静、张志公、邢福义等学者为代表。

第三种观点将成语分为从书面上得来和从口头流传下来的两类。书面得来的有源自古代历史事实的，如"负荆请罪""破釜沉舟""草木皆兵""完璧归赵"等，源自古代寓言的，如"滥竽充数""望洋兴叹""渔翁得利""刻舟求剑"等，以及源自古典作品和古代语句的，如"奴颜婢膝""水落石出""未雨绸缪""粉身碎骨"等。从口头流传下来的如"得过且过""南腔北调""改头换面""七手八脚"等。周祖谟、史式、胡裕树等学者持这种观点。

第四种观点将成语分为当代创新和古代继承两大类。当代创新的成语，有的转化自当代诗文名句，如"意气风发""百家争鸣""力争上游""惩前毖后"等；有的赋予古书以新义定型，如"夕阳西下""鞠躬尽瘁""满园春色"等；有的按现有格式创新，如"忆苦思甜""改天换地""争分夺秒""破旧立新"等。古代继承的成语有来自历代典籍的，如"守株待兔""口蜜腹剑""狐假虎威""火中取栗"等，有来自古口语的，如"狼子野心""利令智昏""投鼠忌器""锦上添花"等。持这种观点的学者以武占坤、王勤等为代表。

第五种观点则根据来源不同，将成语分为典故性、非典故性和来自外来语的三类。典故性成语包括出自古代寓言故事的，如

"自相矛盾""渔翁得利"等；出自神话传说的，如"杳如黄鹤""一枕黄粱"等；出自历史事实的，如"破釜沉舟""完璧归赵"等。非典故性成语分成为人民群众所创造的，如"欢天喜地""东拼西凑"等；还有为古代文献记载的，如"赴汤蹈火""叠床架屋"等。源自外来语的成语有的是受佛教文化影响产生的，如"一尘不染""想入非非"；有的则是明清以来受西方文化影响产生的，如"三位一体""新陈代谢"等。这种观点主要是万艺玲等学者主张的。

通过以上介绍可以看出，学术界对成语来源的划分各不相同甚至大相径庭，同样一个成语"火中取栗"，马国凡认为它是从别的民族语言中借用而来，黄伯荣等认为它源于神话寓言，武占坤等则指出它来自历代典籍。这虽有争鸣的意味，但另一方面也说明了认识上较为混乱，标准不一。究其原因，主要由于有的学者对成语来源进行划分时，在同一层次使用了多重标准。像前文所述的第二种观点，在划分时同时使用了文学体裁（神话寓言、历史故事）和语体（诗文语句为"书面语体"，口头俗语是"口语语体"）的双重标准。第五种观点，以"修辞手法"划分出"典故性"和"非典故性"两类，同时又以"来自何种语言"为标准分出"来自外来语的"与前两类相并列。这些划分都不合乎逻辑学上的"同一层次的划分只能用一个标准"的规则。而第三种观点虽然只按"文体"这一标准进行分类，可以说是角度一致、标准统一，但是过于简洁，失去了对成语来源进行划分的意义。

了解了学术界现有的对成语来源的划分之后，我们发现成语来源广泛、丰富、复杂。它与社会历史、文学艺术、宗教文化、民族语言、现实生活等多方面都有着密切的联系，在不同的层面可以对其进行不同的划分，正如古敬恒所说："众多的成语是在几千年的历史演进中逐步锤炼、不断积累形成的。它们以各个源头汩汩涌出，百川灌河似的汇为一片汪洋大海，表现出不同层次的文化积淀。就时代论，其基本成分是古代的产物，也有一些为现代新生，形成了古今交汇；就文体论，其大多数是文人墨客的书面作品，也有些是历代人民群众的口头创作，形成了书面语与口语的结合，文与白的结合；就疆域论，绝大多数是土生土长的中国产物，也含有少量域外舶来品，中西合璧，交相辉映。"① 由此，我们试从以下角度对成语的来源进行分析。

第一节 源自时代的划分

我们知道，所谓成语，其"成"字就是既定和现成的意思，指的是前人所使用的现成词句。数量众多的成语从先秦经汉魏、南北朝、唐宋、元明清，通过文人墨客的书面创作，人民群众的口头传诵，一直发展演变到今天，成为具有鲜明民族特色的词汇构成部分而活跃在现代语言生活中。对这些成语进行考察，我们发现有相当一部分的成语在古代已经出现并定型下来。张铁文曾对《汉语成语考释词典》（该词典共收条目 7606 条，其中成语 7264 条）中可确定产生年代的 6593 条成语的语源进行统计，将各时期所产生的成语数量进行了整理（见表2）②。

---

① 古敬恒：《成语来源的多角透视》，《绥化师专学报》1995 年第 1 期。
② 张铁文：《成语的数量及产生年代》，《语文建设》1999 年第 5 期。

表 2　中国历代形成的成语数量统计

朝代		该时期出现的成语总数(条)	占总数(7264)的百分比(%)
先秦	春秋以前	88	1.21
	春秋时期	320	4.41
	战国时期	232	3.19
秦		1	0.01
两汉		479	6.59
三国		96	1.32
两晋		198	2.73
南北朝	南朝	270	3.72
	北朝	71	0.98
隋		16	0.22
唐		711	9.79
五代		75	1.03
两宋		1251	17.22
金		36	0.50
元		401	5.52
明		854	11.76
清		1494	20.57
总计		6593	90.76

从表 2 的统计数字可以看出，在《汉语成语考释词典》所收的 7264 条成语中，有 6593 条，也就是 90.76% 的成语可以确定是产生于古代的，并考证出其语源。当然这也和该词典出于考证语

源的编写目的，较少收录近现代产生的成语有一定关系，但不可否认，有相当数量甚至可以说大部分的成语是古代产生并定型的。同时可以看出，不同时代，成语产生的数量相差很大。唐宋和明清两时期，因延续时间较长，社会相对稳定，文学较为繁荣，所以形成的成语数量较多，占到总数的59.33%，而魏晋南北朝时期出现的成语则要少得多。

既然不同时期产生的成语数量差别较大，那么是什么原因导致了这样的差别？产生于不同时期的成语具有怎样的特色？它们的形成方式和来源又有怎样的不同呢？下面我们从时间的维度，将成语按上古、中古、近代、现代四个阶段的分别加以论述。

一、源自上古的成语

关于上古成语的问题，由王国维正式提出，并引起了学界的关注。王国维在《与友人论诗书中成语书》和《研究发题》等信件中指出，古代已有成语，《尚书》和《诗经》难解，原因在于古人颇用成语，故而提出《诗》《书》中的成语研究应作为第一研究课题。这里王国维所谓的"古代"，"不仅指近古宋元明清、中古魏晋南北朝隋唐，也不仅指上古的秦汉时代，而且还包括《诗》《书》时代，包括更远的'三代'或'三代'以上。……他将汉语成语的源头一直追溯到'三代'，乃至'三代以上'之远古。"[①] 而他所谓的"成语"指的是区别于当时单音词的，意义颇异的复音词，如"不淑""陟降""弥生""有严"等。它们虽然也具有意义的整体性和运用的习用性，但和我们今天所说的成语还是有一定的差别。

这里还需要明确的一点是："来源于上古的成语"和"形成于

---

① 姚淦铭：《论王国维的上古成语研究》，《铁道师院学报》1998年第5期。

上古的成语"是两个不同的概念。前者侧重于成语语源的产生，后者则侧重于成语形式的定型。我们知道作为结构定型、意义整体的成语，肯定要经过一个长期习用的过程才能最终确定下来，一个成语从最初的产生到最终的定型往往要经历一个漫长的过程。所以看似相差不大的两个表述实则会产生差别极大的结果，比如上面提到的张铁文统计出的先秦到两汉间出现的成语数是 1120 条，占到收录总数 7264 的 15.41%。而肖竹声统计的源于先秦、两汉的成语有 3128 条，占到收录总数 4600 的 68%。都是先秦两汉的时间段，一个是 15.41%，不到总数的五分之一，一个是 68%，超过总数的二分之一。为何会得出差别如此巨大的两个数据？原因就在于前者统计的是形成于该时期的成语，而后者统计的则是来源于此时期的成语，真可谓"失之毫厘，谬以千里"了。这里所谓的"源自上古的成语"，指的是来源于上古的成语，"上古"指的是先秦至两汉这一时期。

先秦时期是我国历史上"百花齐放，百家争鸣"的黄金时代。在当时那个相对宽松、自由的大环境中，出现了一大批哲学、语言学大师，如孔子、孟子、老子、庄子、荀子、韩非子等；同时涌现出大量成熟的文学著作，如我国第一部诗歌总集《诗经》，浪漫主义诗歌代表作《楚辞》，儒家经典《论语》《孟子》，史学名著《左传》《战国策》，以及诸子散文等。这些不仅为我国后来文学语言的发展奠定了基础，而且也为以后的创作积累了大量的词汇，更是成为成语的重要发源地。两汉时期社会相对稳定，文化科学异常活跃，汉武帝废黜百家，独尊儒术，儒学成为中国几千年的统治思想，国家也非常重视文化和教育。当时的史学名著《史记》和《汉书》中就产生了大量的成语；散韵结合，专事铺叙的汉赋也出现并使用了不少成语；且佛教首次来到中国，不同文化的交汇融合带来了语言的较大变化,吸收借用的成语也有一定数量。下面将对该问题展开具体论述。

(一)上古成语的来源类型

商代卜辞中尚未出现四字格的成语,到了春秋战国及两汉,成语渐渐多了起来。源自上古的成语主要有两个出处,一个是上古典籍,另一个是人民群众的口语。出自口语的有"唇亡齿寒""浪子野心""众口铄金""利令智昏"等,这些成语在上古典籍中已多被引用,所以重点讨论第一个出处。上古时期的典籍经过长期的传播,影响着几千年来中国社会生活的方方面面,其中出现的大量成语对后代的汉语语汇的丰富和发展有着重大而深远的影响。下面挑选产生成语较多的几部著作加以分析,以见一斑。

1. 源自《论语》的成语

《论语》是记录孔子及其弟子言行的重要儒家经典,两千多年来对国人的文化、思想及行为产生了巨大影响。书中的许多语言材料因其特有的语言形式和独具的文化内涵而被频繁且广泛地使用,最后稳定下来进入汉语成语系统。据统计,全书共 20 篇,15975 字,产生的成语有 276 条[1],其特点是数量大、结构类型全、语法功能多。这些成语包括由《论语》原文而产生的,如"哀而不伤""文质彬彬""诲人不倦""不亦乐乎""空空如也"等;还有经后人概括加工而成的,如"中庸之道""有始有终""众星拱辰""安贫乐道""一以贯之"等。它们有的表现了学习理念,如"不耻下问""温故知新";有的体现了伦理道德,如"见义勇为""克己复礼";有的展现了儒家观念,如"和而不同""过犹不及";有的反映了政治观点,如"名正言顺""博施济众"等。

---

[1] 李波:《〈论语〉成语探析》,《河南社会科学》2009 年第 6 期。

2. 源自《诗经》的成语

作为中国最早的诗歌总集,《诗经》不仅是一部瑰丽的文学宝典,同时也是一座博大精深的语言宝库。它丰富的词汇,对后世有着巨大而深远的影响。其语句以四言为主且精练形象,因此源于《诗经》的成语数量也较为可观,有研究者统计,出自《诗经》的成语有 324 条之多①。这些成语包括直接由《诗经》原文产生的,如"绰绰有余""不可救药""高高在上""求之不得""巧舌如簧"等;还包括后人概括加工而来的,如"明哲保身""人言可畏""投桃报李""天高地厚""信誓旦旦"等。这些成语有的反映了当时的农耕文化,如"千仓万库""故宫禾黍";有的描述了地理特征,如"泾渭分明""暴虎冯河"等;有的表现了礼乐制度,如"穆如清风""兢兢业业";有的体现了伦理情感,如"哀哀父母""兄弟阋墙";有的展现了婚恋状况,如"秋水伊人""窈窕淑女";有的渗透了爱国情怀,如"同仇敌忾""载驱载驰"等。

3. 源自《庄子》的成语

《庄子》是道家思想和先秦诸子散文的代表性著作,因其丰富新颖、颇具哲理情思的内容,汪洋恣肆、富有表现力的语言,成为先秦最具文学性的典籍之一。书中不少精彩的语言片段和典故内容经过引用、提炼,逐渐演化定型为成语,据统计,"源于《庄子》的成语有 163 条,其中常用的有 103 条"②。在常用的庄子成语中,有的是直接从原文中截取的,如"变化无常""视死若生""相濡以沫""踌躇满志""存而不论"等;有的是经后人加工而成,如"学富五车""捉襟见肘""望洋兴叹""失之交臂""白驹之隙"等。源于

---

① 李振中、肖素英:《〈诗经〉成语句法结构定量分析》,《广西师范大学学报》2007 年第 1 期。

② 马秀怡、刘青琬:《〈庄子〉成语浅析》,《河北大学学报》1998 年第 4 期。

《庄子》的成语有着浪漫不羁的想象、热烈奔放的情感及独具个性的表达，它们有的抒发了人生的需求和困顿，如"鹏程万里""捉襟见肘"；有的反映了道家的观点和思想，如"洋洋大观""无所不在"；有的表现了对仁义礼教的抨击，如"窃钩窃国""如蚁附膻"；有的展现了明确的审美主张，如"东施效颦""冰肌玉骨"等。

4. 源自《史记》的成语

被喻为"史家之绝唱，无韵之离骚"的《史记》，具有很强的思想性、文学性和艺术性。《史记》语言精练，叙事生动，其作者司马迁学识渊博，文学修养深厚，又善于创造性地运用语言，所以源出于司马迁的成语本就不少。他的《报任安书》一文，全文字数不足三千，却有"天人之际""一家之言""奋不顾身"等13个成语源出于此，而皇皇巨著《史记》更是有685条成语出自其中[①]。源于《史记》的成语，有的是直接对原文原句的截取，如"好学不倦""手足异处""韦编三绝""羽翼已成""人微权轻"等；有的则是经后人加工而形成的，如"破釜沉舟""酒池肉林""高屋建瓴""因势利导""随波逐流"等。这些成语有的是对暴政的无情揭露，如"助纣为虐""以暴易暴"；有的体现了司马迁的重商思想，如"熙熙攘攘""智尽能索"；有的反映了对民族统一的坚持，如"强本弱末""兼容并包"；有的则是对下层人民的歌颂，如"名不虚立""短小精悍"等。

（二）源自上古的成语形成方式

先秦著作中拥有大量的寓言、故事、民间俗谚，它们描写事物生动鲜明，论说事理言简意赅。尤其是百家争鸣、游说之风盛行的春秋战国时期，纵横家为了陈说利害、辨析是非，更是将语言发挥

[①] 范培培：《〈史记〉成语研究》，《语文学刊》2009年第7期。

运用到了极致。这些都使得先秦时期成为成语取之不尽的源头。两汉时期的散文,特别是史传文学的空前繁荣,还有汪洋恣肆、盛极一时的汉大赋,都为成语的形成提供了丰富的可能。既然上古时期产生了数量众多的成语,那它们是以何种方式形成的呢?

首先是原型成语。所谓"原型",就是指截取沿用原文,保留其原有结构形式而形成的成语,这在上古各种著作中都有不少。如:

> 周而不比,出自《论语·为政》:"君子周而不比,小人比而不周。"
>
> 弃甲曳兵,出自《孟子·梁惠王上》:"填然鼓之,兵刃既接,弃甲曳兵而走。"
>
> 长生久视,出自《老子》第五十九章"是谓深根固柢,长生久视之道。"
>
> 视死若生,出自《庄子·秋水》:"白刃交于前,视死若生者,烈士之勇也。"
>
> 不稼不穑,出自《诗经·魏风·伐檀》:"不稼不穑,胡取禾三百廛兮?"
>
> 刎颈之交,出自《史记·廉颇蔺相如列传》:"卒相与欢,为刎颈之交。"
>
> 济河焚舟,出自《左传·文公三年》:"秦伯伐晋,济河焚舟,取王官及郊。"

其次是增删、替换而成的,增删指的是增加或删减字词来构成成语,替换是指更换原句中的个别字词形成成语。如:

> 见死不救,出自《孟子·梁惠王下》:"不诛,则疾视其长上之死而不救,如之何则可也?"

自知之明，出自《老子》第三十三章："知人者智，自知者明。"

得鱼忘筌，出自《庄子·外物》："筌者所以在鱼，得鱼而忘筌。"

爱莫能助，出自《诗经·大雅·烝民》："维仲山甫举之，爱莫助之。"

再次是压缩、合并而成的，压缩指的是将一句之内的原始形式压缩而形成，合并指的是将该典籍中的语词同其他著作中的语词合并进而组合为成语。如：

求全责备，出自《论语·微子》："无求备于一人。"《孟子·离娄上》："有不虞之誉，有求全之毁。"以及《管子·形势解》："乱主不知物之各有所长所短，而责必备。"

祸福相倚，出自《老子》第五十八章："祸兮，福之所倚；福兮，祸之所伏。"

明哲保身，出自《诗经·大雅·烝民》："既明且哲，以保其身。"

最后是概括语意而成的，指的是从原文的历史故事或事理论述中概括出简洁的形式来表达语意。如：

了如指掌，出自《论语·八佾》："或问禘之说。子曰：'不知也！知其说者之于天下也，其如示诸斯乎！'指其掌。"

目无全牛，出自《庄子·养生主》："始臣之解牛之时，所见无非牛者；三年之后，未尝见全牛也。"

爱鹤失众，出自《左传·闵公二年》："冬十二月，狄人伐卫。卫懿公好鹤，鹤有乘轩者。将战，国人受甲者皆曰：'使鹤！鹤实有禄位，余焉能战？'"

（三）源自上古的成语意义演变

成语是汉语在长期历史发展过程中逐步形成的一种意蕴深厚、表达凝练的固定词组，与其他固定词组相比，成语在意义与结构上都更具有一种稳定性。但是语言毕竟是一种社会现象，它必然随着社会的产生而产生，也随着社会的发展而发展。有不少源自上古的成语其意义都发生了变化，有些是在古义的基础上衍生出了新意，而有些古今意义相差很大。例如：

夫子自道，出自《论语·宪问》："子曰：'君子道者三，我无能焉：仁者不忧，知者不惑，勇者不惧。'子贡曰：'夫子自道也。'"指的是本意说别人而事实上却正说着了自己，本来是个褒义词。后来多用以指出对方讲别人的坏话恰好是在讲他自己，变成了贬义词。

求之不得，出自《诗经·周南·关雎》："窈窕淑女，寤寐求之；求之不得，寤寐思服。"原来指求之却得不到。后来用以形容正寻求某事物时愿望终于实现。

一意孤行，出自《史记·张汤列传》："公卿相造请禹，禹终不报谢，务在绝知友宾客之请，孤立行一意而已。"原意是谢绝请托，按照自己的意见去处理案件。后用以形容不理别人意见，独断独行。

每况愈下，出自《庄子·知北游》："夫子之问也，固不及质，正获之问于监市履狶也，每下愈况。"该成语本作"每下愈况"，本义是越从低微的事物上推求，就越能看出道的真实情况，就越能看清事物的真相。后来讹变为成语"每况愈下"，用来说明情况越来越坏。

（四）上古成语的结构特点

作为汉语成语的奠基阶段，上古时期的成语在结构上具有以下特点是需要注意的。第一，结构类型全面，汉语短语的所有语法结构在此时的成语中都有体现。如：

联合型：南辕北辙　地利人和　舍生取义
主谓型：狐假虎威　郑人买履　心如死灰
动宾型：投其所好　成人之美　不舍昼夜
偏正型：恻隐之心　善刀而藏　以德报怨
中补型：见笑大方　乐善不倦　愚不可及
连动型：负荆请罪　升堂入室　见贤思齐
兼语型：引狼入室　刖趾适屦　引人入胜

第二，字数以四字为主，当然也包括少量非四字格成语。成语的基本形式是四字格，这在上古成语中就有明显的体现。因为四字格的形式庄重典雅，符合汉民族"以四言为正"的审美要求，所以上古成语大部分都是四个字的。但同时还存在一些其他字数的成语，如"学而优则仕""无立锥之地""温良恭俭让""贫贱不能移"等。

第三，结构较为固定，但也有灵活性。成语在流传运用的过程中，在基本意义和形式不变的前提下，变动个别字的情况也时有发生。如"惠而不费"在《左传·襄公二十九年》有"广而不宣，施而不费"语，在《论语·尧曰》里则作"因民之利而利之，斯不亦惠而不费乎?""不教而诛"在《论语·尧曰》中是"不教而杀谓之虐，不戒视成谓之暴"，而在《荀子·富国》里有"故不教而诛，则刑繁而邪不胜；教而不诛，则奸民不惩"。

上古是成语产生最早也是较为集中的时期，有人统计指出，有70%的成语来自先秦[①]。虽然有这么多的成语源自该时期，但当时这些并未完全定型或作为成语来使用，它们中有很多是经过几百年甚至上千年的不断锤炼，到中古才逐渐定型下来。之后又经历了后代文人作品的频繁运用和人民群众的不断使用，最终被吸纳到现代汉语词汇中来。

二、源自中古的的成语

这里的中古指的是魏晋南北朝一直到唐宋时期。我们知道中古是汉语史上的一个关键阶段，在该时期汉语的语音、词汇、语法等系统都发生了重要变化，对近现代汉语的形成也产生了深远影响。作为汉语词汇中最具民族性、表现力的部分——成语，也在此时得到了很大的发展。

（一）源自中古的成语特征

1. 结构稳定

就结构类型而言，其实在上古时期，成语就已经发展得相当完备了，联合、主谓、动宾、偏正、中补、连动、兼语等类型全部都有所涵盖；就基本形式而言，四字格成语在上古也已占绝大多数。相对于上古成语而言，源自中古的成语在结构方面较为显著的一个特征就是结构更加稳定。相当数量的成语自中古产生并确定以后基本上就没有变化，被后世沿用至今。如"危急存亡"语出诸葛亮《出师表》"今天下三分，益州疲弊，此诚危急存亡之秋也"，"对酒当歌"出自曹操《短歌行》"对酒当歌，人生几何？譬如朝露，去日苦多"，"千呼万唤"源自白居易《琵琶行》"千呼万唤始出来，犹抱琵琶半遮面"，"柳暗花明"语出陆游《游山西

[①] 秦希贞：《成语来源的历史递减性原因试探》，《潍坊学院学报》2003年第1期。

村》"山重水复疑无路,柳暗花明又一村"。

2. 来源广泛

中古时期的汉语词汇得到了极大的丰富和发展,成语也繁荣和发展起来,成语来源的多元化便是其中一个突出表现。中古出现了许多著名的诗人、词人、文学家,他们的文学作品传播广,影响大,不少成语就源自其中。还有一部分成语来自当时人们的口语,经过文人记录、加工和使用,逐渐进入书面语,定型为成语而广为流传。所以,这里重点论述来自中古文献的成语。与上古相比,中古文献不仅卷帙浩繁,而且类型多样,这就为成语的诞生提供了丰富而肥沃的土壤。该时期出现成语较集中的文献主要有以下几类:

源自诗词的。唐诗宋词历来被视为我国古典文学的两座高峰,题材丰富、风格多样、意境深远、韵律优美,被后人不断传诵,由此产生并形成了不少成语,如"前无古人"出自唐·陈子昂《登幽州台歌》诗:"前不见古人,后不见来者。""两小无猜"语出唐·李白《长干行》诗:"同居长干里,两小无嫌猜。""文期酒会"出自宋·柳永《玉蝴蝶》词:"难忘。文期酒会,几孤风月,屡变星霜。""小巧玲珑"出自宋·辛弃疾《稼轩长短句·临江仙》:"有心雄泰华,无意巧玲珑。"等等。

源自散文及笔记小说的。中古是我国文学发展史上非常活跃的时期,也是一个承上启下的时期,此间出现了无数的佳作名篇,而出自其中的成语亦有不少。如"冰清玉洁"出自魏·曹植《光禄大夫荀侯诔》:"如冰之清,如玉之洁,法而不威,和而不亵。""咄咄逼人"源自南朝宋·刘义庆《世说新语》:"殷有一参军在座,云:'盲人骑瞎马,夜半临深池。'殷曰:'咄咄逼人。'""虎踞龙盘"语出《太平御览》:"刘备曾使诸葛亮至京,因睹秣陵山阜，叹曰：'钟山龙盘，石头虎踞，此帝王之宅。'""茂林修竹"语自东晋·王羲之《兰亭集序》："此地有崇山峻岭，茂林修竹，又有清流激湍，映带左右。"

源自史书的。中古史书众多，著名的有《后汉书》《三国志》《晋书》《梁书》《北史》等。这些史籍叙事生动，语言精练，其中出现了许多成语。如"勇冠三军"出自《后汉书·刘縯传》："伯升部将宗人刘稷，数陷陈溃围，勇冠三军。""手不释卷"出自《三国志·魏志·文帝纪论》"（文帝）博闻强识，才艺兼该"，裴松之注曰："上雅好诗书文籍，虽在军旅，手不释卷。""老而弥笃"出自《梁书·王筠传》："余少好书，老而弥笃。""倜傥不羁"出自《晋书·袁耽传》："少有才气，倜傥不羁，为士类所称。"

源自佛典的。我们知道，佛教从汉代传入中国，魏晋南北朝时期广为流传，至唐宋则达到顶峰，宋以后则渐渐衰微。佛教的这种传播对汉语词汇产生了巨大的影响，出现了大量借词，并在此基础上形成新义，最终产生了不少与佛教有关的成语。所以，源自佛教的成语在魏晋到唐宋，也就是中古时期形成了高潮。如"本来面目"来自《六祖坛经·行由品》："不思善，不思恶，正与么时，那个是明上座本来面目。""一丝不挂"来自《楞严经》："一丝不挂，竿木随身。""天花乱坠"来自《心地观经》："六欲诸天来供养，天花乱坠编虚空。""四大皆空"出自《四十二章经》："佛言当念身中四大，各自有名，都无我者。"关于这点在本章第三节将有详细讨论，这里不再赘述。

（二）上述特征的成因

源于中古的成语之所以会有结构更加稳定、来源更加广泛的特点，是由多方面的原因造成的，现将主要的几个因素论述如下。

1. 诗文骈偶化的倾向

从魏晋南北朝开始，文学开始逐渐自觉，其中一个重要标志就是对文学的审美特性有了自觉的追求。作家除了注重诗文的内容和目的，开始关注诗歌的形式美。我们知道，汉语有一个传统的美学特点，就是讲究句式整齐、音韵和谐。诗歌辞赋自不用说，即使是散文，也多有这个特点。尤其是自南朝起，四声的发现及其在诗歌中的运用，让作家有意识地讲究声律、对仗、用典等语言技巧，追求格律的完善，从而使以骈体文和格律诗为主流的新式韵文渐渐统治了整个文坛。骈体文"骈四俪六"，也就是基本以四字句和六字句来构成对偶的这种句式特点，对四字格成语的结构生成确立了范式，所以源自中古文献的成语数量较多且结构稳定。如范仲淹的《岳阳楼记》，全文总共才368个字，但由其中原文截取而来的成语就有"皓月千里""心旷神怡""气象万千""政通人和""百废俱兴""浩浩汤汤""薄暮冥冥""淫雨霏霏""春和景明""波澜不惊""一碧万顷""岸芷汀兰""宠辱皆忘"等13个之多。

2. 佛教的广泛传播

东汉时期，佛教开始传入中国并且逐渐兴盛，到唐宋时达到鼎盛。佛教的广泛传播和佛经的大量翻译既推动了社会经济和文化的繁荣，改变了中华文化的结构和内容，也对中古语言系统造成了一定的冲击。汉语中出现了大量的佛教借词，如"菩萨""觉悟""刹那""解脱""涅槃"等，并由此转化生成了不少成语，为后人沿用至今。而且汉译佛经语言的特点对成语的形成也有一定的影响。佛教的迅猛传播使大量佛经被翻译成汉语，这些译作的一个显著特点是讲求节律。"通常是以四字为一顿，组成一个大节拍，其间或与逻辑停顿不一致；每个大节拍又以二字为一个小节。"[①] 该特点使得译

---

① 朱庆之：《佛典与中古汉语词汇研究》，文津出版社1992年版，第11页。

者为了满足佛经的翻译需求，采用并创造了很多四个字的词语，这些词语在使用的过程中逐渐融入汉语，从形式到内容都受到汉语词汇规律的约束，有的在意义上也经过了演变转化，最终成为汉语成语中的一部分。

如果说上古是成语的源头，是奠基阶段，成语中有相当大的一部分是源自上古的话，那么中古就是成语的关键时期，是成形阶段。虽然来自中古的成语没有上古那么多，但大量的成语是中古的作家学者对前人的语句加以提炼增减，对词语进行调换整合，对典故施以概括总结而最终形成并定型下来的。没有中古的发展之功，很难说会有那么多的上古成语会成形且在后代沿用不衰。

三、源自近代的成语

所谓近代的元明清时期是中国文学发生大变化、大转折的时代。中国古代文学从传统的以"贵族""精英"为主转变为以"通俗""庶民"为主，从"纯文言"的文学转变为"文""白"并重，甚至"白话文学"大行其道。白话通俗文学逐步成为文学创作的主流，元曲、明清小说都有很高的成就。

源自近代的成语其所从出的类型可谓广泛多样，有的出自史书，如"独断独行"出自《金史·石琚传》，"一筹莫展"来自《宋史·蔡幼学传》，"戴罪立功"语自《明史·史可法传》；有的出自元杂剧，如"洪福齐天"源自关汉卿《西蜀梦》，"车马盈门"语出马致远《青衫泪》，"将计就计"来自李文蔚《张子房圯桥进履》，"拈花惹草"语自王实甫《西厢记》；有的出自明诗文，如"长吁短叹"来自《乐府群珠·无名氏〈金字经〉》，"不伦不类"源自吴炳《疗妒羹》，"即景生情"语出郎瑛《七修续稿·碧沚诗》，"和蔼可亲"来自李开先《贺邑令贺洪滨奖异序》；有的出自清代诗文笔记，如"问心无愧"来自纪昀《阅微草堂笔记》，"私相授受"源自钱谦益《牧斋初学集》，"古道热肠"语出邹弢《三借庐笔谈》，"物力维艰"源于朱柏庐《治家格言》等。当然，产生成语最多的还要属明清小说。

小说从明代开始充分显示出其社会作用和文学价值，打破了正统诗文的垄断，正式登上文坛。明清是中国小说史上的繁荣时期。这个时代的小说最大限度地包容了传统文化的精华，而且经过世俗化的图解后，传统文化以可感的形象和动人的故事而走进了千家万户，源自其中的成语随着这些小说的流行而被人们广为传诵。如源自罗贯中《三国演义》中的成语有"不成体统""贪心不足""闷闷不乐"等；出自冯梦龙《醒世恒言》的成语有"哑口无言""真知灼见""贼人胆虚"等；来自施耐庵《水浒传》的成语有"千恩万谢""指手画脚""坐立不安"等；凌蒙初《初刻拍案惊奇》《二刻拍案惊奇》中产生的成语有"千依百顺""狼吞虎咽""心怀鬼胎""付之一叹"等；兰陵笑笑生在《金瓶梅词话》中创造出了"指桑骂槐""偷天换日""做好做歹"等成语；来自吴承恩《西游记》中的有"恩将仇报""浑身解数""污言秽语""趁火打劫""左邻右舍"等；吴敬梓的《儒林外史》中也有"呼天抢地""滚瓜烂熟""听其自然""知法犯法"等成语产生。

尤其值得一提的是以下两部小说。《红楼梦》中，语言大师曹雪芹不仅运用了大量的成语，而且将日常语言进行加工，根据语境需要自创了106条新成语[1]，如"不由自主""鬼鬼祟祟""临阵磨枪""蹑手蹑脚""光宗耀祖"等。其中有的成语口语性较强，如"狗急跳墙""丁是丁，卯是卯""直眉瞪眼""打抱不平"等，它们简明浅显、通俗易懂，由口语提炼而来，贴近生活，符合人

---

[1] 周锦国、施敏：《〈红楼梦〉成语的文化透视》，《常州工学院学报》2012年第6期。

物的身份，准确贴切地表现出了人物的性格特征。有的成语书面性较强，如"入不敷出""聊以塞责""善罢甘休""敛声息气"等，它们凝练精辟、庄重典雅，个别还包含文言成分，能恰如其分地体现人物的学识、修养和地位。

晚清处于近代汉语和现代汉语的交替阶段，是近代汉语向现代汉语过渡的最关键时期，《官场现形记》就是该时期李宝嘉创作的一部白话章回小说。它用当时通行的共同语写作，又带有明显的方言色彩，集中体现了当时的语言面貌，具有很强的时代性。出自其中的成语有"素昧平生""卖儿鬻女""阳奉阴违""息息相通""眉飞色舞"等84个之多[1]。这些成语主要来源于当时的口语系统，或虽见于书面语系统但仍来源于某一时期特定的方言，结构固定，语义完整，且都是四字格形式。

源于近代的这些成语有些自身独具的特点。首先它们主要源自当时人们的口头语言，具有较强的口语性，往往概括了人们的生活经验和对自然与社会现象的深刻认识，且通过具体的事物与行为来表达对抽象事物的认识与理解。这些成语富于生活气息，给人以启迪，丰富了作品的语言特色。当然，也因其较强的口语性，有学者将其称为"俗成语"[2]。我们认为虽然这些成语源自当时的口语，但相对于今天的现代汉语而言，它的书面色彩还是相当明显的，且在长期又大量的使用过程中，本身已经具备了成语的基本特征，因此将它们纳入成语的范围应该是没有问题的。其次这些成语在结构上相对灵活，可以替换成分，调整语序，变换结构，如"拈花惹草"也作"惹草拈花"，"名利双收"也作"名利兼收"。

---

[1] 樊苗苗：《〈官场现形记〉成语研究》，西南大学硕士学位论文，2012年。
[2] 雷汉卿：《禅籍俗成语浅论》，《语文研究》2012年第1期。

最后这些成语在使用群体和通行范围上，多流行于民众口头语言和其他白话程度较高的文学作品中。它们既扩大了该白话文学作品本身的影响，又为后来人们的语言表达增添了新鲜的内容。

四、源自现代的成语

社会是发展变化的，而用于交际的语言也处于一个动态的变化之中，为了表达新的事物现象和思想观念，必然会产生新词新义，成语也不例外。前文已经论述，从上古到近代，每个时期都有新成语产生，虽然因各个时代特征的不同，各时期产生成语的数量有多有少，但新成语的形成仍然是一个不可否认的现象。

从五四运动开始，尤其是改革开放以来，随着社会生产力的快速发展，新事物、新现象不断涌现，词汇家族也出现了大量的新词。成语虽然因其结构的稳定性、意义的整体性、使用的习用性而变化较慢，但现代仍然产生了一定数量的成语。这些成语相对于源自上古、中古的而言，最大的特征就是来源更为广泛，更为多样，文学作品已不仅仅是它们最主要的来源。下面就这些现代成语的来源展开论述。

首先是源自各专业用语的成语。在社会生活急剧变化的现代，人们交流沟通的要求也越来越高，要更高效、快速、精确，因此有大量的专业词汇进入日常交际之中。这些原来只用于不同领域的专业术语，由于引申或借用到广泛的生活领域而被高频使用，其意义也由原来的专业概念引申泛化为一般概念或具有了普遍含义。例如：国家政策用语"攻守同盟"，原指两个或两个以上国家缔结军事盟约，以求在行动上协调一致，后常用来指当事人、同伙相互串通，互不揭发。"当家做主"原指国家拥有自主权，可以自行处理国家事务，后用来泛指在家庭、单位、国家中居主人翁地位。军事用语"全副武装",本用来指军队的武器装备齐全,后泛化用来形容对人或对事情准备充分。"轻装上阵"原指不穿铠甲上阵作战,现比喻消除顾虑,放下思想包袱,投入工作。医学术语"标本兼治",原指医者在治疗中既要缓解表面的病征,又要治好引发疾病的源头,后用以泛指查处问题和防止问题两方面工作同时进行,既要解决问题的表象,又要从根本上杜绝问题的产生。摄影方面术语"暗箱操作",本指在照相机的暗箱内进行操作,后比喻为利用职权暗地里做不公正、不合法的事情。

其次是源自文艺作品的成语。经济基础决定上层建筑,社会经济的发展带来了文化娱乐生活的丰富,各种文学作品、影视作品等以新颖、独特的方式呈现在大众面前,这些文艺作品的广为流传往往会催生出一些成语。如"绞尽脑汁"语出老舍《四世同堂》:"他的学问有限得很;唯其如此,他才更能显出绞尽脑汁的样子,替她思索。"表示用尽心思。"尘埃落定"因阿来同名小说的流行而被广泛使用,指事情经过许多变化,终于有了结果;或经过一阵混乱后结果最终确定下来。"紧锣密鼓"源自刘绍棠《狼烟》:"绿树葱茏的太子镇里,传出一阵阵紧锣密鼓的喧响。"表示正式活动前紧张的舆论准备,也形容准备工作进行得紧张、急促。"快意恩仇"来自李敖的武侠小说《快意恩仇录》,本来指传统的有恩报恩、有仇报仇的侠义精神,后泛化为随心所欲,无所顾忌。"花样年华"源于王家卫执导的同名电影,指的是少年男女青春焕发的美好岁月。

再次是源自外来习语的成语。随着社会经济、文化交流的进一步加深,外国的一些成语、谚语、俗语也渐渐渗入现代汉语词汇之中,成为汉语成语家族的一部分。如"游戏规则"就借自英语的 the rules of game,用来表示活动、组织和人际交往中的运作规律。"猪涂口红"原为英语俚语，Putting lipstick on a pig，因被美国总统奥巴马在竞选演说中引用而广泛流传，意指为了欺骗或者诱惑他人而把某件事物粉饰得更有吸引力，但实际上是换汤不换药。"烫手山芋"来自英语成语 hot potato，比喻难题，棘手的问题。"第一桶金"来自美国谚语"人生最重要的是第一桶金"，是指个人或企业在创业中第一次挣到的比较多的钱，是创业初期的基础、资本。

最后是源自人民口语的成语。源于现代的成语还有一部分是来自人民群众在日常生活中的口语创作，它们从约定俗成的民间语言中产生，经过广泛流传，形式、意义逐渐固定下来，形成了成语。如"一步到位"形容只经一个步骤，就直接达到了预定的目标或做到事情所要求的结果。"擦肩而过"指双方近距离相对而过，后来引申为本来有可能得到的（好东西）或遭遇的（坏事情）却没有得到或遭遇。来自口语的成语往往还有一定的地域性，首先往往是某个地区的人经常使用，随着不同区域沟通的日益加强，逐渐推而广之进入成语行列。如"大跌眼镜"来自台湾口语，指对出乎意料的结果或不可思议的事情感到非常惊讶。"咸鱼翻身"来自香港俗语，常用来形容生活或事业处于低谷的一个人，突然出现转机，短时间内处境由坏变好，指极其少见的人生逆转。来自广东话的"一头雾水"形容摸不着头脑，稀里糊涂，如同在雾里的感觉，很迷茫。

在科技日新月异的今天，许多新现象、新概念、新观点能在很短的时间内流传开来，这就大大缩短了语言传播、约定的时间。以往一个词语从产生、定型到为大众接受并广泛使用需要几年、几十年甚至上百年，而如今几个月不上网，不看报，就会出现若干新词让人不明所以。现代工具的使用，为新词语的大量产生提供了条件，这类新词语中就不乏一些结构固定、意义完整、具有习用性的四字格成语。当然，目前还有不少学者对它们的成语地位提出质疑。我们知道在以双音节词占优势的现代汉语中，由于成语的习用性、书面性及四字格等自身特点的限制，成语产生的空间大大压缩。只有一少部分成语，如"力争上游""一穷二白""漠不关心""分门别类"等是现代创造产生的。但作为语言中的词汇，成语家族处在不断更新和发展之中，还有更多的固定词组在现代不断地产生，至于它们最终能否进入成语的行列尚需要时间的验证。

源于古代的成语大多由某部文学作品而产生，为后人所继承，同时赋予其较为丰厚的意义和凝练的四字格形式。又因其意义的丰富和形式的凝练，被后人大量运用。随着引用次数的不断增加，成语渐渐具有了意义的完整性、形式的定型性、使用的习用性等特点。来自近现代的成语虽然在数量上远远不及源于古代的，但它们承袭了上述特点，和古代的成语一起丰富了汉语词汇，为汉语增添了独特的魅力。

第二节　源自语体的划分

汉语成语浩如烟海，众多的成语是在几千年的历史演进中逐步锤炼、不断积累形成的。它们的来源类型也是丰富多样、广泛多途的。如果单单从语体的角度来划分，我们可以将成语分为源自书面语的和源自口语的两大类。本节主要从语体角度对成语的来源进行论述。

一、源于书面的成语

成语的一大特征是书面色彩强,形成这一特征的最主要原因是大部分的成语源自书面语。源于书面的成语还可以从两个角度进行划分。

(一) 根据其所出书籍类型

在我国几千年的历史长河中,出现了不可计数的文学作品、典章史料。产生于其中的成语因这些书籍的流传而通行开来,被人们一直沿用至今。这里我们根据古代图书分类的主要方法,将成语所出的书籍按照经史子集分为四类。具体类别如下。

1. 出自经部书的成语

儒家经典被称为"经",所以经部书指的是儒家文化的基本著作及其注疏本,还包括一些训诂、字书和韵书。从汉代开始,儒家思想一直是中国历史上的统治思想,因此记录它的书籍地位自然尊崇,流传甚广,影响颇大,源自其间的成语也是数量众多。有人以多种版本的成语词典为基础,结合大量的文化典籍,统计并列出了产生成语最多的 21 本古代典籍[1],其中共有经部的书 7 部,分别为:《论语》排名第二,产生了 427 条成语;《左传》排名第四,创造了 406 条成语;《诗经》排名第五,有 363 条成语源自其中;《孟子》排名第六,产生了 330 条成语;《礼记》排名第八,有 300 条成语出自里面;《尚书》排名第十,创造了 251 条成语;《易经》排名第十五,共产生了 193 条成语。如:

---

[1] 夏松瑜:《汉语成语发展创造谭概》,《社会科学论坛》2006 年第 6 期。

善贾而沽，出自《论语·子罕》："有美玉于斯，韫椟而藏诸，求善贾而沽诸？"

困兽犹斗，出自《左传·宣公十二年》："困兽犹斗，况国相乎？"

耳提面命，出自《诗经·大雅·抑》："匪面命之，言提其耳。"

自怨自艾，出自《孟子·万章上》："太甲悔过，自怨自艾，于桐处仁迁义。"

半途而废，出自《礼记·中庸》："君子遵道而行，半途而废，吾弗能已矣。"

各得其所，出自《周易·系辞》："交易而退，各得其所。"

如丧考妣，出自《尚书·舜典》："二十有八载，帝乃殂落，百姓如丧考妣，三载，四海遏密八音。"

2. 出自史部书的成语

人们将各种体裁的历史著作归入史部。其中包括以《史记》为代表的通史，以除《史记》外的二十四史为代表的断代史，以《战国策》《资治通鉴》为代表的政事史，以《洛阳伽蓝记》为代表的方志和以《史记集解》《汉书疏证》《水经注》为代表的史书集解等。史部的书籍可谓数量庞大、类型多样，而源自其中的成语也蔚为壮观。在上文提到的产生成语最多的21本古代典籍中，史部书占了六席，它们是：《史记》位列第一，产生成语652条；《汉书》位居第三，出产成语421条；《后汉书》排名第九，创作成语297条；《晋书》排名第十二，有233条成语源自其中；《战国策》排名第十四，来自该书的成语有194条；《三国志》排名第十六，产生了191条成语。如：

兼容并包，出自《史记·司马相如列传》："故驰骛乎兼容并包，而勤思乎参天贰地。"

豺狼当道，出自《汉书·孙宝传》："豺狼横道，不宜复问狐狸。"

络绎不绝，出自《后汉书·东海恭王刘强传》："皇太后、陛下哀怜臣强，感动发中，数遣使者太医令丞方伎道术，络绎不绝。"

迎刃而解，出自《晋书·杜预传》："今兵威已振，譬如破竹，数节之后，皆迎刃而解。"

门庭若市，出自《战国策·齐策》："群臣进谏，门庭若市。"

变生肘腋，出自《三国志·蜀志·法正传》："亮答曰：'主公之在公安也，北畏曹公之强，东惮孙权之逼，近则惧孙夫人生变于肘腋之下，当斯之时，进退狼跋。'"

3. 出自子部书的成语

子部专用以收录诸子百家、艺术、科技、类书、谱录、杂著、宗教等著作，内容十分庞杂，大抵凡经、史、集无法容纳的皆入子部。其中有以《荀子》《朱子语类》为代表的儒家，以《老子》《庄子》为代表的道家，以《韩非子》《管子》为代表的法家，以《吕氏春秋》《淮南子》为代表的杂家，以《金刚经》《六祖坛经》为代表的释家，以《红楼梦》《儒林外史》为代表的世情小说，以《封神演义》《三国演义》为代表的历史演义，以《水浒传》为代表的历史小说和以《西游记》《聊斋志异》为代表的志怪小说等。庞杂的内容、巨大的数量、多样的形式，使得子部书籍中产生了大量的成语。如：

兵不血刃，出自《荀子·议兵》："故近者亲其善，远方慕其德，兵不血刃，远迩来服。"

大巧若拙，出自《老子》："大直若屈，大巧若拙，大辩若讷。"

越俎代庖，出自《庄子·逍遥游》："庖人虽不治庖，尸、祝不越樽俎而代之矣。"

良药苦口，出自《韩非子·外储说左上》："夫良药苦于口，而智者劝而饮之，知其入而已己疾也。"

按兵不动，出自《吕氏春秋·恃君览·召类》："赵简子按兵而不动。"

郑重其事，出自《红楼梦》第四回："所以郑重其事，必得三日后方进门。"

变幻莫测，出自《封神演义》第四十四回："吾'红水阵'内夺壬癸之精，藏天乙之妙，变幻莫测。"

一马当先，出自《水浒传》第九十六回："即便勒兵列阵，一马当先，驰下山来，犹如天崩地塌之势。"

浑身解数，出自《西游记》第七十三回："浑身解数如花锦，双手腾挪似辘轳。"

本来面目，出自《六祖坛经·行由品》："不思善，不思恶，正与么时，那个是明上座本来面目。"

4. 出自集部书的成语

集部收录了历代作家的散文、骈文、诗、词、曲和文学评论等著作。它由以《楚辞》为代表的楚辞类，以《文选注》《全唐诗》等为代表的文学总集类，以《陶渊明集》《苏轼集》为代表的别集类，以《文心雕龙》《诗品》《人间词话》为代表的诗文评类和以《珠玉词》《花间集》为代表的词曲类五大部分组成。语言高度凝练，表达生动形象，具有一定节奏韵律的诗词曲赋等文学作品，以及系统严密、细致深刻的文学评论中产生了相当数量的成语。如：

瓦釜雷鸣，出自《楚辞·卜居》："黄钟毁弃，瓦釜雷鸣。"

壮志未酬，出自唐·李频《春日思归》："壮志未酬三尺剑，故乡空隔万重山。"

不求甚解，出自晋·陶渊明《五柳先生传》："好读书，不求甚解。"

淡妆浓抹，出自苏轼《饮湖上初晴后雨》："欲把西湖比西子，淡妆浓抹总相宜。"

并驾齐驱，出自《文心雕龙·附会》："是以驷牡异力，而六辔如琴；并驾齐驱，而一毂统辐。"

惊心动魄，出自《诗品》卷上："陆机所拟十四首，文温以丽，意悲而远，惊心动魄，可谓几乎一字千金。"

绿肥红瘦，出自宋·李清照《如梦令》："知否知否？应是绿肥红瘦。"

（二）根据其所出的体裁

源自书面语的成语不仅可以根据其所出书籍的类型分为经、史、子、集四类，还可以根据其所从出的体裁分为以下几种。

1. 源于神话传说的成语

神话是一种特殊的文化现象，它是人们想象中的虚幻现实，也是对理想现实的美好向往。我国有非常丰富的神话故事传说，富有想象力的古老先民创造了许多神话来解读自己想象中的世界，《山海经》《淮南子》《搜神记》等书中就保留了很多神话故事。尽管年代久远，史料残缺，有些神话今已失传，但仍有一些神话被以成语的形式概括并保留下来，用来表达一定的意思，至今仍活跃在人们的口耳和笔间。如源于《山海经》的成语有"夸父逐日""精卫填海""刑天争神""巴蛇吞象""鸾飞凤舞"等；源于《淮南子》的有"女娲补天""十日并出""日薄虞渊""炼石补天""燕雀相贺"等；源于《搜神记》的有"含沙射影""蛇雀之报""龟毛兔角""猿肠寸断""燕跃鹄踊"等；还有"补天浴日"出自《列子》，"鸡犬升天"出自葛洪的《神仙传》，"世外桃源"出自陶渊明的《桃花源记》，"牛郎织女"出自《古诗十九首》，"为虎作伥"出自《正字通》等。

2. 源于寓言故事的成语

寓言是经常采用假托的故事或自然物的拟人化来阐明某个道理或某种教训的文学作品，它往往通过比喻的手法，以小见大，以近见远，语言生动活泼、幽默风趣，常有讽刺或劝诫的性质。这些寓言经后人提炼概括，很多都演化为成语。《庄子》《战国策》《列子》《淮南子》《孟子》《韩非子》《吕氏春秋》等典籍中产生的寓言成语较为集中。如：

《庄子》：庖丁解牛　夏虫朝菌　贻笑大方　亦步亦趋
　　　　　每况下愈　隋珠弹雀　涸辙之鲋　朝三暮四
　　　　　螳臂当车　邯郸学步　枯鱼之肆　屠龙之技
　　　　　井底之蛙　得鱼忘筌　蜗角之争

《战国策》：惊弓之鸟　狐假虎威　北辕适楚　画蛇添足
　　　　　　三人成虎　渔人得利　狡兔三窟　千金市骨
　　　　　　见兔顾犬　抱薪救火

《列子》：愚公移山　牝牡骊黄　杞人忧天　歧路亡羊
　　　　　巧同造化　高山流水　智子疑邻　野人奏曝
　　　　　十浆五馈　鸥鹭忘机

《淮南子》：塞翁失马　伯玉知非　削足适履　宁戚饭牛
　　　　　　曲突徙薪　临渊羡鱼　灵蛇之珠　扣角而歌
　　　　　　一叶知秋　蚌病成珠

《孟子》：杯水车薪　揠苗助长　明察秋毫　披发缨冠
　　　　　再作冯妇
《韩非子》：焚林而猎　守株待兔　一鸣惊人　买椟还珠
　　　　　滥竽充数
《吕氏春秋》：刻舟求剑　黎丘老人　引婴投江　掩耳盗铃
　　　　　亡戟得矛

3. 源于历史事件的成语

我国历史悠久，在此期间发生的事件经过提炼加工而形成的成语也不在少数。这类成语往往与某个历史事件密切相关，或是该事件的一部分，或是对此事的一个高度概括。它们通过述说往事，讴歌正义，鞭挞丑恶，揭示人生哲理，留给我们以深沉的社会思考。源于先秦历史事件的成语有："完璧归赵""假途灭虢""围魏救赵""退避三舍""毛遂自荐""负荆请罪""纸上谈兵""一鼓作气""灭此朝食""千金买骨""讳疾忌医""卧薪尝胆""杀妻求将""惊弓之鸟""高山流水""狡兔三窟"等。源于秦汉时期历史事件的成语有："一字千金""项庄舞剑""指鹿为马""焚书坑儒""图穷匕见""悬梁刺股""四面楚歌""约法三章""背水一战""破釜沉舟""手不释卷""金屋藏娇""暗度陈仓""十面埋伏""投笔从戎""马革裹尸""多多益善""老当益壮""萧规曹随"等。源于魏晋南北朝时期历史事件产生的成语有："鞠躬尽瘁""三顾茅庐""煮豆燃萁""刮目相看""初出茅庐""乐不思蜀""言过其实""七擒七纵""宝刀不老""才高八斗""单刀赴会""风声鹤唳""望梅止渴""一身是胆""封金挂印""万事俱备，只欠东风""入木三分""赤壁鏖兵""闻鸡起舞""东山再起""洛阳纸贵""草木皆兵""凿壁偷光""狗尾续貂""画龙点睛""江郎才尽""投鞭断流"等。源于唐宋及以后各个时期历史事件的成语有:"请君入瓮""精忠报国""东窗事发""胸有成竹""按图索骥"等。

4. 源于名言警句的成语

我国浩如烟海的古典作品是提取成语素材的重要源泉之一。有不少成语就是因一些作品中的名句被广泛引用而形成的,有的直接截取名句原文,有的是其中一两句话的缩写,还有的是改变了古代诗文名句的意义或结构而成。如"风雨如晦"(《诗经》)、"革故鼎新"(《周易》)、"筚路蓝缕"(《左传》)、"患得患失"(《论语》)、"缘木求鱼"(《孟子》)、"怀瑾握瑜"(《楚辞》)、"实事求是"(《汉书》)、"戴盆望天"(司马迁《报任少卿书》)、"伯仲之间"(曹丕《典论》)、"奇文共赏"(陶渊明《移居》)、"钩心斗角"(杜牧《阿房宫赋》)、"不堪回首"(李煜《虞美人》)、"粗枝大叶"(《朱子语类》)等。

二、源于口语的成语

我们知道,在世界上任何语言当中,民间口语词汇始终是书面语词汇取之不尽,用之不竭的源泉。成语虽然有相当一部分出自经史子集等文献典籍之中,由古代文人创作而成,但仍然有一定数量的成语是群众集体的创造,是群众智慧的结晶。而且出自古代文献中的一些成语,本身就是作者对当时流传的民间口头谚语、俗语和民谣的选择和引用,有些直接会在文中以"谚""鄙语""里语""里谚"等标明出处缘由。如:

> 唇亡齿寒,出自《左传·僖公五年》:"谚所谓'辅车相依,唇亡齿寒'者,其虞虢之谓也。"
>
> 亡羊补牢,出自《战国策·赵策》:"臣闻鄙语曰:见兔而顾犬,未为晚也;亡羊而补牢,未为迟也。"

从善如登，从恶如崩，出自《国语·周语下》："谚曰：'从善如登，从恶如崩。'"

桃李不言，下自成蹊，出自《史记·李将军列传》："谚曰：'桃李不言，下自成蹊。'此言虽小，可以喻大也。"

利令智昏，出自《史记·平原君虞卿列传》："鄙语曰：'利令智昏。'"

千夫所指，出自《汉书·王嘉传》："里谚曰：'千人所指，无病而死。'"

投鼠忌器，出自《汉书·贾谊传》："里谚曰：'欲投鼠而忌器。'此善谕也。"

敝帚千金，出自《典论·论文》："里语曰：'家有敝帚，享之千金。'"

这些成语是作者将民间口头熟语经过选择，写入文献之中，最终进入书面语，成为成语。虽然从内容到形式都是"古色古香"，但通过"谚""鄙语"等的标注，我们才明了其真正源头乃是口语。

发展到后来，人民群众根据成语的特点、组成方式，自觉地创造一些简短的词组来表达特定的含义，经过多次援引，这些词组结构固定、意义完整，逐渐进入了成语的行列。这些成语简明通俗、质朴真实、生动传神，既是人民群众对社会的评价、对喜怒的抒发，也表现了普通民众的价值取向和道德好恶。它们长期以来在民间广为流传，往往出现在近现代的一些文学作品中。如：

《红楼梦》：狗颠屁股　拿糖作醋　贫嘴贱舌　巴高望上
　　　　　　狗仗人势　丢三落四　狐朋狗友　汗如雨下
　　　　　　鬼鬼祟祟　东拉西扯　人多口杂　死皮赖脸
　　　　　　人来人往　心服口服　所作所为

《儒林外史》：五花八门　抱头痛哭　不可限量　滚瓜烂熟
　　　　　　　动人心魄　果不其然　呼天抢地　绘声绘色
　　　　　　　尖嘴猴腮　南腔北调　夸夸其谈　平起平坐
　　　　　　　千真万确　挑肥拣瘦　咂嘴弄舌
《西游记》：东张西望　没精打采　趁火打劫　左邻右舍
　　　　　　恩将仇报
《三国演义》：神机妙算　大难临头　顾全大局　老生常谈
　　　　　　　大刀阔斧

广大人民群众以历史创造者的身份积极介入成语创作，创造出了大量质朴生动、朗朗上口、极富表现力的口语成语。随着日后的频繁引用，它们已完全走进群众生活，成为普通人语言交际的构成部分。自古至今，这类成语绵绵不断，数量众多，作为一股新鲜血液，不断充实和丰富着汉语词汇宝库，为其增添了一抹独特而亮丽的色彩。

根据源自语体的不同，我们将成语分为来自书面语和来自口语两大类。从数量上来说，究竟是来自书面语的成语多，还是来自口语的多呢？这在学术界有不同的意见。第一种观点以马国凡先生为代表，他认为："成语的继承，有两个大的系统，一是书面语系统，一是口语系统。历史文献提供了来源于这两大系统的成语出处，不过，文献更多地记载了书面语来源的成语。"[1] 第二种观点以史式先生为代表，他指出："成语的主要来源是民间口头熟语。简言之，是来自民间。……成语的次要来源是历代文人创作。简言之，是来自书面。"[2] 因为他认为凡是作者在文章中说明是来

---

[1] 马国凡：《成语》，内蒙古人民出版社1978年版，第96页。
[2] 史式：《汉语成语研究》，四川人民出版社1979年版，第30—31页。

自"鄙谚""里语"的成语,这在上古成语中数量不少,一定是来自民间。没有加以说明的,并不等于就是文人创作,仍有很大的可能还是来自民间。这里,我们比较赞同的是第一种观点。世界上任何一种语言都是先有语言,后有文字(当然也有语言一直到今天还没有产生文字),口语总是先于书面语而产生。所以书面语是在口语的基础上产生,是对口语的一种选择、记录、加工和再创作。作为词汇构成部分的成语也是如此,是古代文人对当时口语的提炼修饰,使其结构更加凝练,语音更加和谐,表意更加丰富。如果据此就认为成语大多数源自口语,未免过于主观片面。我们的意见是直接援引人民口头俗语而成的成语当为源自口语,而选择口语中的词汇,经文人加工创作而成的则当为源自书面语。因此,大多数的成语是来源于书面语的。

第三节　源自语种的划分

在历史发展的长河中,各国人民相互交往,各自的语言词汇也必然互相影响。汉语词汇在自我发展、日益丰富的同时,也通过对外来文化的引进,不断吸收各民族的语言来充实自己,加强自身表现力。鸦片战争之前,我国历史上外民族语言曾对汉语产生过三次较大的影响。第一次是汉武帝时期,张骞凿空西域,汉族同西域各民族有了首次接触,开始了西汉和中亚、西亚许多国家在政治、经济及军事方面的交流往来。文化上的交流和语言上的融合使得"苜蓿""葡萄""菠菜""胡琴""琵琶"等来自西域的词语出现在了汉语之中。第二次是东汉到唐宋时期，佛教传入我国。南北朝以后，寺庙遍布，信徒众多，文学作品中也多有反映，这使得大量的梵语词汇以音译、意译或意译加音译的形式进入汉语，大大地丰富了汉语词汇，在汉语词汇发展史上占有重要地位。佛教用语对汉语的影响要远大于西域的借词。第三次是明清之际，西洋的传教士、商人陆续来到中国，在东西方文化的交流中，又有不少西洋词语如"鸦片""铁辙""银馆"等出现在了近代汉语里。鸦片战争以后到现在，社会生产力发展得更快，中外文化的交流沟通更多，从外民族借来的词语也就更多了。

汉语成语是千锤百炼而形成的语言精华，是汉语词汇宝库中的明珠。虽然大多数的成语来自汉语，但历史上三次外来文化对汉语词汇的冲击或多或少影响到了成语，我们的许多成语就是从外国的寓言、经典、佛经或其他作品中吸取过来的。这里我们从源自何种语言的角度将成语分为来自汉语的和来自外语的两大类，来自汉语的成语在前面已多有讨论，这里不再赘述，本节重点论述来自外语的成语。这些成语绝大多数源自佛教，除此以外，还有部分成语源自其他民族语言。

一、来源于佛教的成语

在两汉交替之际，也就是公元1世纪左右，佛教从印度经由西域传入中原大地。佛教的传入，不仅对我国的政治、经济产生了巨大影响，而且广泛渗入了社会生活的方方面面。在佛教传播的两千多年的时间里，它对汉语，尤其是汉语词汇产生了深刻影响，现在不少常用词语就是从佛教借用而来，如"塔""方便""障碍""解脱""无常"等。作为汉语词汇重要构成部分的成语，是长期以来经过千锤百炼并广泛流传的固定的语言形式，它一直为人们所喜闻乐见。随着佛教广泛而深入的传播，佛语、佛典、佛偈大量涌入，出现了众多与佛教文化有关的成语，汉语成语极大地丰富起来。源于佛教的成语主要有以下途径。

1. 源于汉译佛经的成语

这类成语数量最多。佛经的主要内容是直接说教，源于其中的成语通常都是由一些精彩凝练、哲理性较强的语句直接截取而成。如：

不即不离，出自《圆觉经》卷上："圆觉普照，寂灭无二。于中百千万亿阿僧祇不可说恒河沙诸佛世界，犹如空花，乱起乱灭，不即不离，无缚无脱。"

不可思议，出自《维摩诘经·不思议品》："诸佛菩萨有解脱名不可思议。"

昙花一现，出自《长阿含经·游行经》："（佛）告诸比丘，汝等当观，如来时时出世，如优昙钵花时一现耳。"

恒河沙数，出自《金刚经·无为福胜分》："以七宝满尔所恒河沙数三千大世界，以用布施。"

聚沙成塔，出自《妙法莲华经·方便品》："乃至童子戏，聚沙为佛塔。如是诸人等，皆已成佛道。"

想入非非，出自《楞严经》卷九："于无尽中发宣尽性，如存不存，若尽非尽，如是一类，名为非想非非想处。"

出自汉译佛经的成语还有很多，如："一丝不挂""五体投地""梦幻泡影""香象渡河""味同嚼蜡""水月镜花""梦中说梦""针锋相投""作茧自缚""电光火石"等。

2. 源于禅宗灯录的成语

禅宗主张"以心传心"，谓之"心印"。载录"心印"而说明禅宗传承关系者，称"传灯录"。"灯录"是禅宗创造的一种史论并重的文体，以本宗的前后师承关系为经，以历代祖师阐述的思想为纬，发端于唐代的禅宗史书。灯能照明，祖祖相授，以法传人，譬如传灯，代代相传，绵延不绝，正是"披弈世之祖图，采诸方之语录"。正是这种独创的体裁，给汉语增添了许多隽永、精妙、新鲜、活泼的成语。如"逢场作戏"出自《景德传灯录》。唐代，"江西禅"宗主为马祖道一，"湖南禅"宗主为石头希迁。当时，四方禅宗僧人多汇集于此二人门下。一日，马祖道一门下僧人隐峰向其辞别，要去参谒石头希迁。马祖道一告诫他说："石头路滑。"隐峰回应说："竿木随身，逢场作戏。"该成语由此产生，原指旧时走江湖的艺人遇到适合的场合就表演，后指遇到机会，偶尔凑凑热闹。

"叶落归根"源自《五灯会元》。慧能晚年，欲回其故新州，弟子竭力挽留。师曰："诸佛出现，犹示涅槃，有来必去，理亦常然；吾此形骸，归必有所。"门人对曰："师从此去，早晚却回。"曰："叶落归根，来时无口。""叶落归根"原指树叶落到树根，不可能再回到树枝，比喻事物皆有归宿，现常用来指客居他乡之人最终要回归故里。

这类成语很多，如"当头棒喝""灰头土脸""自作自受""九年面壁""看风使帆""语不投机""家贼难防""龙蛇混杂""安身立命"等出自《五灯会元》，"头头是道""顺水推舟""见性成佛"等出自《续传灯录》。说到禅宗灯录，这里要提到一本《景德传灯录》，该书是禅宗灯录体著作的始祖，为北宋景德年间法眼宗禅僧道原所撰写的一部禅宗语录，全书近三十余万言，有成语百余条[1]，例如：

---

[1] 张泰：《〈景德传灯录〉成语研究》，《西南农业大学学报》2009年第2期。

雪上加霜　泥牛入海　水到渠成　骑驴觅驴　呵佛骂祖
立雪断臂　单刀直入　枯木逢春　鸦雀无声　羚羊挂角
精神抖擞　万劫不复　鹦鹉学舌　家破人亡　四面八方
斩钉截铁　本来面目　恍然大悟　拂袖而去　百尺竿头

3. 源于佛教故事传说的成语

佛经中收录了不少古代南亚次大陆的寓言故事，佛陀通过讲述这些富于哲理的故事来解释道理，宣传教义。在佛教流传的过程中，有部分凝练形成了成语。如"借花献佛"典出《过去现在因果经》卷一。释迦佛过去世为善慧仙人，闻普光佛出世，欲觅名花供养。遇一青衣，密持七枝莲花而过，莲花感善慧之诚，踊出瓶外，青衣大惊。善慧"为欲成就一切种智，度脱无量众生"，愿以五百钱购取五枝莲花。青衣见其诚心，即以五花相赠，愿结生死之缘，又"今我女弱不能得前，请寄二花以献于佛"。善慧旋至普光佛所，"即散五茎，皆住空中，化成台；后散二茎，亦止空中，夹佛两边"。普光佛悬记善慧当来作佛，号释迦牟尼。后因以"借花献佛"比喻用别人的东西做人情。

"盲人摸象"出自《大般若涅槃经》中的一个寓言故事："尔时大王，即唤众盲各个问言：'汝见象耶？'众盲各言：'我已得见。'王言：'象为何类？'其触牙者即言象形如芦菔根，其触耳者言象如箕，其触头者言象如石，其触鼻者言象如杵，其触脚者言象如木臼，其触脊者言象如床，其触腹者言象如瓮，其触尾者言象如绳。……镜面王即说颂曰：'诸盲人群集，于此竞诤讼；象身本一体，异相生是非。'"比喻看问题以点带面，以偏概全，不得要领。

"空中楼阁"出于《百喻经·三重楼喻》：昔有富人，痴无所知。至余富家，见三重楼，高广严丽，轩敞疏朗，心生渴仰，即作是念：我有财钱，不减于彼，云何顷来而不造作如是之楼？即唤木匠而问言曰："解作彼家端正舍不？"木匠答言："是我所作。"即便语言："今可为我造楼如彼。"是时，木匠即便经地垒墼作楼。愚人见其垒墼作舍，犹怀疑惑，不能了知，而问之言："欲作何等？"木匠答言："作三重屋。"愚人复言："我不欲下二重之屋，可先为我作最上屋。"木匠答言："无有是事。何有不作最下重屋而得造彼第二之屋？不造第二，云何得造第三重屋？"愚人固言："我今不用下二重屋，必可为我作最上者。"时人闻已，便生怪笑。佛教用这个比喻来说明修行者应筑好根基、循序渐进的道理。今多用以比喻虚幻的东西或空想。

这类成语很多，还有"顽石点头""天花乱坠""拈花微笑""降魔成道""唯我独尊""粉身碎骨""水中捞月""一厢情愿""天女散花""以身饲虎""步步生莲"等。

4. 源于佛教教义修行的成语

有一类比较常见的是来自于佛教的教义修行的，其中有的是对一些佛教义理、名相加以概括、凝练而形成的，如"生老病死""不二法门""大慈大悲""三界唯心""不生不灭""因果报应""普度众生"等。有的是对佛教修行实践的描述，如"回光返照""一尘不染""六根清净""四大皆空"等。像"禅定"是印度佛教的一种修行方法，即闭目端坐、控制身心的各种活动，久之则能进入身心轻安、观照明净的状态，由此产生了"面壁功深""老僧入定"等成语。还有的是对佛教仪式礼节的呈现，如"醍醐灌顶""清规戒律""以心传心"等。

5. 与佛教有关的其他成语

来自佛教的成语还有由梵语的音译加上其他语素构成的，如"菩萨心肠"就是由 Bodhi Sattva（菩提萨埵）的略称"菩萨"加上词语"心肠"构成,用来比喻善良的人。有的出自与佛教相关的文人作品,如"佛眼相看"出自元·无名氏《博望烧屯》:"张飞云:'二位哥,今番第三遭,这村夫若下山去呵,我和他佛眼相看,若不下山去呵,我不道的饶了他哩。"比喻用好心善意看待,不加伤害。"佛旨纶音"出自清·文康《儿女英雄传》:"便是佛旨纶音,要把她送到龙宫去,作个龙女,也许是万两黄金,买不到她那不字儿。"用菩萨的旨意、皇帝的诏令,表示必须执行的号令。

源自佛教的成语本来都是用以宣传佛理,宣讲教义的,但在后来流传使用的过程中,不少成语经过发展演变,摆脱了宗教的束缚,进入了一般成语的行列。它们的意义与原意相比差别很大,很多都已看不出跟佛教的联系了。如"一丝不挂"出自《楞严经》:"一丝不挂,竿木随身。"本意是佛家用来比喻心中没有丝毫尘世的牵挂,后来常用以形容赤身裸体。"天花乱坠"典出《心地观经一》:"六欲诸天来供养,天花乱坠编虚空。"本来是说佛祖讲经,感动天神,诸天各色香花,纷纷下坠,用来形容事物美好。后意义经过演变,常以此语形容言谈虚妄浮夸、动听而不实在。

佛教的广泛传播,为汉语注入了大量新鲜词汇,并产生了数量众多的成语。这些成语与中国文化水乳交融,已成为人们日常使用的高频语汇,它们通过生动、通俗的语言,表现了隽永、深刻的寓意,丰富了汉语表现力。对它们来源出处的探讨,也加深了我们对佛教作为一种文化现象在汉语史上所起作用的认识。

二、来源于其他语言的成语

在民族的相互交往中,在文化的不断交流中,语言势必要相互影响,彼此吸收。自明清之际外来语言对汉语产生第三次大的影响开始，尤其是鸦片战争以后到现在，西方国家的不少词语通过政治、经济和文化的频繁交流而进入汉语之中。当然，因为成语的本质属性决定了近现代源自其他语言的成语相对较少，但明白这些成语的来源还是非常必要的。

近现代来源于其他民族语言的成语主要可以分为两类：第一类是基督教的教义因西方传教士的传播而进入我国，在流传的过程中，逐渐凝练定型为成语。基督教传入我国只有几百年的历史，所以这类成语数量不多。如：

"三位一体"，原为基督教教义，指的是圣父、圣子、圣灵这三个"位格"结合于同一"本体"——上帝（或天主），这就是所谓的"三位一体"，现常用来比喻三个人、三件事或三个方面联成的一个紧密不可分的整体。

"旧瓶装新酒"，出自《新约全书·马太福音》第九章："没有人把新酒装在旧皮袋里；若是这样，皮袋就裂开，酒漏出来，连皮袋也坏了。唯独把新酒装在新皮袋里，两样才能保全。"本意为新原理与旧形式格格不入，应该用新形式表现新原理。"五四"以来，反其意而用之，便有了中国大众所说的"旧瓶装新酒"，比喻用旧的形式表现新的内容。

"以眼还眼，以牙还牙"，语出《旧约全书·申命记》："以眼还眼，以牙还牙，以手还手，以脚还脚。"谓以同样的手段或办法进行回击。

第二类是从外国文学作品或故事、传说中借用而来。随着文化交流的不断深入，不少外国文学作品经翻译进入我国，这些寓言、故事、传说往往被概括为四字格语汇来表达一定的比喻义，后为大家广泛使用，最终成为成语。如：

"火中取栗"，这个成语出自17世纪法国寓言诗人拉·封丹的寓言《猴子与猫》：猴子非常狡猾，它骗猫取火中的栗子，结果栗子让猴子吃了，猫却把脚上的毛烧掉了。后来比喻受人利用，冒险出力却一无所得。

"杀鸡取卵"，来源于希腊名著《伊索寓言》中的《生蛋的鸡》。说的是有人养着一只生蛋的鸡，他以为鸡肚子里有金块，于是就想杀了鸡从鸡肚子里取出金块，结果是杀了鸡却一无所获。该成语是说为了得到鸡蛋，不惜把鸡杀了。比喻贪图眼前的好处而不顾长远利益。

"象牙之塔"，原是法国19世纪文艺批评家圣佩韦批评同时代消极浪漫主义诗人维尼的话，指的是主张"为艺术而艺术"的资产阶级文艺家脱离社会现实的实为个人幻想的艺术境界。后常用以比喻脱离现实生活的知识分子的小天地。

"天方夜谭"，原为书名，即《一千零一夜》，是阿拉伯古代民间故事集，内容广泛，想象丰富，富于神话色彩，其中有不少荒诞不经的地方。因用以比喻虚幻夸饰的议论，或荒诞不经的说法。

"大山临盆"，来自拉·封丹的寓言《大山临盆》，内容是说大山临盆，天为之崩，地为之裂，日月星辰为之无光。房屋倒塌，烟尘滚滚，天下生灵，死伤无数……最后只是生下了一只耗子。这篇寓言形容某些事从表面上看做得轰轰烈烈、声势浩大，但结果却没有什么价值。因王小波在文章中引用它来讽刺中国的人文学者而使该词广为人知，后来该词逐渐定型为一成语。

大量的外来成语，尤其是源自佛教的成语已和我国固有的成语混合在一起了，有时很难区分它们。明白了成语的来源，对它们的理解也会进一步加深。

　　汉语成语的来源广泛而多样，它显示出中国人民卓越的创造力，中华文化异彩纷呈，中华民族兼容并包。不同来源的成语往往又展现出不同的风格特色：文人墨客创作的成语含蓄凝练、深厚典雅；人民群众创作的成语生动通俗、浑厚朴实；外来的成语又表现出独特的异域风采……它们各具特色、和谐统一，作为汉语词汇中具有独特魅力的一部分而盛行不衰。

第三章 成语的结构特征

作为世界上最古老的语言之一,汉语的一大特点是成语特别丰富,刘万国、侯文富主编的《中华成语辞海》共收录的成语就有四万条之多。成语是汉语语言长期发展的产物,它言简意赅,形象生动,意蕴深刻,对仗工整,和谐悦耳,集中体现了汉语的特点和优点,至今仍具有旺盛的生命力,在我国人民的口头笔间活跃着。成语究竟有什么特点,使它能世世代代为人们所喜用呢?这个问题引起了语言研究者的极大兴趣,人们从语法、语义、结构、音韵等角度对成语进行了研究,讨论其内在的一些特征和规律。然而,这些研究往往不够全面,通常是发现了某个或某几个特点,便列举出一些例证来予以说明,很少能有统计数据予以支撑。

这里我们通过对甘肃师范大学中文系编写的《汉语成语词典》(以下简称《词典》)的定量分析,来看看成语在结构方面具有怎样的特征。

第一节 成语的基本形式

成语究竟有没有基本形式？如果有，其基本形式是什么？这个问题在成语的界定中被大家广泛讨论，但观点不尽相同。我们希望通过对一部编写质量较高、使用范围较广的成语词典进行数据统计，为这个问题找到一个较为客观的答案。

一、成语的基本形式是四字格

经过统计，《汉语成语词典》（以下简称《词典》）中共收成语5446条，根据成语字数及形式的不同，我们可以将其分为以下几种类型。

（一）四字成语

《词典》收录四字成语共5077条，占总数的93.22%。例如：

按图索骥	乐不思蜀	庸人自扰	口蜜腹剑	前车之鉴
釜底抽薪	道貌岸然	吉光片羽	披坚执锐	相映成趣
雅人深致	登峰造极	固若金汤	和璧隋珠	物换星移
泾渭不分	兔死狐悲	牵强附会	拾人牙慧	削足适履
急功近利	秋扇见捐	贻笑大方	提纲挈领	人声鼎沸
大权旁落	千金买骨	尸位素餐	韦编三绝	不舞之鹤

（二）骈体成语

这里借用了吴越（1982）在《骈体成语——成语中的一支异

军》中的提法，所不同的是吴先生的骈体成语是指分为前后两句，字数至少八字或者更多，成双作对，骈体连用的成语，而笔者认为符合上述条件的六个字的成语也应包括在内。此类成语共 157 条，占总数的 2.89%，其中：

(1) 六个字的，共 20 条。例如：

吃一堑，长一智　　　言必信，行必果
此一时，彼一时　　　满招损，谦受益
既来之，则安之　　　胜不骄，败不馁
一传十，十传百　　　人不知，鬼不觉
过五关，斩六将　　　求大同，存小异

(2) 八个字的，这类成语在骈体成语中数量最多，共 120 条，占骈体成语总数的 76.4%。例如：

不塞不流，不止不行　　将欲取之，必先予之
差之毫厘，谬以千里　　取之不尽，用之不竭
言者无罪，闻者足戒　　得道多助，失道寡助
人无远虑，必有近忧　　上天无路，入地无门
不经一事，不长一智　　以眼还眼，以牙还牙

(3) 十个字的，共 10 条，分别是：

工欲善其事，必先利其器　　路遥知马力，日久见人心
少壮不努力，老大徒伤悲　　以小人之心，度君子之腹
若要人不知，除非己莫为　　世上无难事，只怕有心人
天下本无事，庸人自扰之　　公说公有理，婆说婆有理
只要功夫深，铁杵磨成针　　留得青山在，不愁没柴烧

(4) 十二个字的，共 3 条，分别是：

> 只许州官放火，不许百姓点灯
> 鸡犬之声相闻，老死不相往来
> 即以其人之道，还治其人之身

(5) 十四个字的，共 4 条，分别是：

> 勿以恶小而为之，勿以善小而不为
> 横眉冷对千夫指，俯首甘为孺子牛
> 各人自扫门前雪，莫管他人瓦上霜
> 沉舟侧畔千帆过，病树前头万木春

（三）其他形式的成语

除了四字成语和骈体成语之外，还有其他形式的成语，它们从三个字到十二个字不等，共有 212 条，占总数的 3.89%。

(1) 三个字的，共 8 条，分别是：

> 下马威　破天荒　鸟兽散　莫须有
> 想当然　露马脚　口头禅　闭门羹

(2) 五个字的，共 80 条。例如：

> 病笃乱投医　独木不成林　功到自然成
> 疾风扫落叶　依样画葫芦　无风不起浪
> 礼轻人意重　杀人不见血　冰炭不相容
> 更上一层楼　树倒猢狲散　急来抱佛脚
> 桃李满天下　换汤不换药　脚踏两只船

(3) 六个字的，共 56 条。例如：

> 百闻不如一见　不费吹灰之力　惶惶不可终日

如入无人之境　毕其功于一役　手无缚鸡之力
立于不败之地　有志不在年高　迅雷不及掩耳
远水不救近火　吹皱一池春水　事实胜于雄辩
英雄所见略同　卑之无甚高论　流言止于智者

(4) 七个字的，共 52 条。例如：

醉翁之意不在酒　拒人于千里之外　神龙见首不见尾
心有灵犀一点通　多行不义必自毙　树欲静而风不止
有过之而无不及　此地无银三百两　行百里者半九十
众人拾柴火焰高　来而不往非礼也　近水楼台先得月
英雄无用武之地　挟泰山以超北海　冒天下之大不韪

(5) 八个字的，共 5 条，分别是：

巧妇难为无米之炊　燕雀安知鸿鹄之志　三十六计走为上计
狗嘴里吐不出象牙　不知人间有羞耻事

(6) 九个字的，共 4 条，其中有 2 条是两句话，还有 2 条则是一句话，它们分别是：

　　　　司马昭之心，路人皆知
　　　　凡事预则立，不立则废
　　　　当一天和尚撞一天钟
　　　　搬起石头打自己的脚

(7) 十个字的，共 5 条，其中 4 条是两句话，而 1 条是一句话，它们是：

　　　　卧榻之侧，岂容他人酣睡
　　　　民不畏死，奈何以死惧之

上无片瓦，下无插针之地

荷花虽好，也要绿叶扶持

有所不为而后可以有为

（8）十一个字的，只有1条：

明察秋毫之末，而不见舆薪

（9）十二个字的，只有1条：

三个臭皮匠，合成一个诸葛亮

经过统计，这5446条成语在字数及形式方面的具体情况见表3。

表3 成语字数分布统计

形 式		数 量（条）		比例（%）
四 字 成 语		5077		93.22
骈体成语	六个字	20	157	2.89
	八个字	120		
	十个字	10		
	十二个字	3		
	十四个字	4		
其他成语	三个字	8	212	3.89
	五个字	80		
	六个字	56		
	七个字	52		
	八个字	5		
	九个字	4		
	十个字	5		
	十一个字	1		
	十二个字	1		
合 计		5446		100

从表 3 的数据可以看出，汉语成语（此处指收入《词典》的所有条目）的字数差异非常之大，最少的只有三个字，最多的达十二个字。但是，在所有成语中，字数的分布却极其不平衡：四个字的成语共 5077 条，占总数的 93.22%；八字者次之，有 125 条；十一字和十二字者最少，分别只有 1 条。四个字之外的成语加起来才 369 条，不到总数的 7%，其数量可说是微不足道。由此我们可以得出这样的结论，四个字的成语在成语中占绝大多数，也就是说成语的基本形式是四字格。关于这个结论以前有不少学者发表过相同的看法。吕叔湘、朱德熙先生指出："成语多数是四个字的。"① 周祖谟先生说："成语的结构是固定的，一般都是四个字。"② 武占坤说："汉语成语的音节虽多少不等，少可三言，多则七八言，但总以四言为主流。"③ 马国凡认为："在结构上，最明显的是大多数成语都是由四个音节组成的。一个音节就是一个汉字，也就是说，汉语成语多数是四个字组成的"，"汉语成语以单音节构成成分为主，基本形式为四音节"。④ 刘洁修先生指出："四字成语占绝对多数。汉语成语几乎 90% 以上都是四个字的。"⑤ 等等。

二、四字格成语形成的原因

经过统计，我们发现汉语成语的基本形式是四字格，那么究竟是什么原因使成语最终选择了四言，而不是三言、五言、七言或其他形式呢？笔者认为主要有以下几个方面原因。

---

① 吕叔湘、朱德熙：《语法修辞讲话》，中国青年出版社 1951 年版，第 57 页。
② 周祖谟：《谈成语》，《语文学习》1955 年第 1 期。
③ 武占坤：《有关"成语"的几个问题》，《河北大学学报》（哲学社会科学版）1962 年第 2 期。
④ 马国凡：《成语》，内蒙古人民出版社 1978 年版，第 54 页。
⑤ 刘洁修：《成语》，商务印书馆 1985 年版，第 7 页。

（一）民族文化心理

一个民族对世界的认识、对文化的观照，首先来自于他对自身的了解，对本身所处自然环境的把握。人之有双手、双足、双目、双耳，此皆为偶，且天地相对为偶，男女相配为偶，阴阳相生为偶，日月相替为偶，正如刘勰在《文心雕龙·丽辞》中所说："造化赋形，支体必双，神理为用，事不孤立。"既然自然界的事物皆可成双作对，"求偶对称"便成为一种民族心理。中国人历来喜欢对称的事物，这在造字、书法、绘画、雕刻、建筑等方面均有体现，那我们所要使用的语言形式当然也是以偶为佳。再者，方有东西南北，季有春夏秋冬，情有喜怒哀乐，人有生老病死，为了表义的丰富完整，语言形式在以偶为佳的基础上又两两组合，变成了以四言为正。四言词语既可以表达两两相对的概念，又可以用辩证联系的态度看待世界，用对比映衬的方式感悟内心。

中国人认识世界、认识自身的思维方式决定了他们有阴阳相对、均衡对称、崇尚方正的社会审美心理。语言是思维的物质外壳。这种心理体现在语言上就要求词语具有工整对偶的审美特征。因此，字数为一、三、五等奇数字的词语往往给人失衡之感，有话未说完之嫌，而二、四、六等偶数字的词语则有种完整呈现的稳定感，具有均衡对称之美。在均衡稳定的前提下，既能表义完整，又能经济实用的，自然首推四字词语。

四字格是最具有汉语和汉文化特点的庄重典雅的形式，它最符合汉文化中"以偶为佳""以四言为正"的审美要求。"以偶为佳"是古人崇尚对偶的美学观，本质上也是认识世界的哲学观。对于客观事物，古人总是采取一分为二的二元对待观点，认为"奇与偶""阴与阳""损与益""否与泰""刚与柔"这些现象总是成对出现。而"四言"是最能体现古人这种"以偶为佳"的要求的形式，它既能一次四分，又能两次偶分，同时字数又相对较少。"以偶为佳"讲究对称、对偶和对仗，这是汉民族一种非常重要的文化心理，该要求可以在"四字格"这种形式中得到最充分而集中的体现，所以四字格成语成了人们喜闻乐见的一种语言形式。

（二）语言内部因素

从语言内部来看，四字格成语在结构、语音、语法方面也有自己的特点和优势。具体分述如下。

1. 结构方面

从成语的表达和结构状况看，成语的构成成分大多是单音节的。四字格是一种字数较少，既能一次四分，又能两次偶分的语言形式。所谓的一次四分就是能将四字格成语一分为四，分为四个单音节，这四个单音节可以表示相当于四个词的意义单位，在应用上足以表达复杂而深刻的认识。如"生杀予夺"可以分为"生"（让人活）、"杀"（叫人死）、"予"（给予）、"夺"（剥夺）四个词，表达了对人的生命及财产进行处置的四种方式。"悲欢离合"分为"悲"（悲哀）、"欢"（喜悦）、"离"（分离）、"合"（团聚）四个词，表示四种不同的心情和遭遇。两次偶分则是先一分为二，两部分再各自一分为二。如"断编残简"可以先切分为"断编"和"残简"，再进一步划分为"断""编"和"残""简"。类似能两次偶分的成语还有"煮鹤焚琴""卑躬屈膝""计日程功""面红耳赤""倾家荡产"等，数量非常之多。这种一次四分、两次偶分的特点是其他字数如三个字、五个字、六个字的词语所不具有的，也体现了成语均衡对称的特点。

我们根据构成成语的四个语素在结构、语音和语义上的关系，还可以将四字格成语分为以下几种类型。

(1) 四元并列式：指的是构成成语的四个语素各不相同且语义上各自独立，如：

　　喜—怒—哀—乐　切—磋—琢—磨　阴—晴—圆—缺
　　青—红—皂—白　风—花—雪—月　生—老—病—死

(2) 双音重叠式：指的是由两个意义上彼此联系的语素重叠后构成的成语，如：

　　形形—色色　郁郁—葱葱　鱼鱼—雅雅　鬼鬼—祟祟
　　浑浑—噩噩　洋洋—洒洒　浩浩—荡荡　唯唯—诺诺

(3) 交叉互文式：指的是由两组同义或近义词交叉在一起，组合后的两部分语义上是互文关系，如：

　　悬—崖—峭—壁　斩—钉—截—铁　甜—言—蜜—语
　　清—风—明—月　深—思—熟—虑　雄—心—壮—志

(4) 反义对举式：指的是由两组语义相对或相反的词穿插而构成的成语，如：

　　深—居—简—出　新—陈—代—谢　绝—长—补—短
　　避—重—就—轻　死—去—活—来　先—忧—后—乐

(5) 词语附加式：指的是在一个双音节词语之上附加其他语素构成的成语，如：

　　自—相——矛盾　声—名——狼藉　沁—人——肺腑
　　形影——相—随　邯郸——学—步　望洋——兴—叹

(6) 其他形式：凡是不属于上述情况者皆归为其他形式，如：

　　沐猴而冠　尾大不掉　忍俊不禁　青蝇吊客　畅所欲言
　　味如鸡肋　驷不及舌　空谷足音　居心叵测　草菅人命

从上述例子可以看出，四字格成语不管属于哪种类型，结构上都可以一分为二或者一分为四，这种偶分对称的特点应当是成语最终选择四个字为基本形式的一大因素。

2. 语法方面

四字格成语内部语法结构灵活多变，它几乎能配置任何一种语法关系，满足结构变化的需要。如：

联合结构：青红皂白　生杀予夺　明眸皓齿　奉公守法
主谓结构：博士买驴　风云突变　喜形于色　心如刀割
动宾结构：为所欲为　包藏祸心　巧立名目　权衡轻重
偏正结构：乌合之众　过街老鼠　以汤止沸　扬扬得意
动补结构：叫苦不迭　饥不择食　问道于盲　束之高阁
连谓结构：忆苦思甜　水滴石穿　闭门思过　瓜熟蒂落
兼语结构：认贼作父　引狼入室　守口如瓶　弄假成真

这些丰富的结构形式、多变的语法关系，使得四字格成语在表义时具有灵活而多样的特点。

3. 语音方面

从成语的语音结构看，四字格的语音，一方面以两段音节数量的整齐划一，实现了音长上的等量均衡。汉语音节以元音为主，没有复辅音，辅音之间有元音间隔，因而形成分明的音节。汉语一字一音节，现代汉语的一个重要特点就是双音节词占优势。吕叔湘先生说："现代汉语的语句里，双音节是占优势的基本语音段落。正如周有光先生所说：'把单音节的补充成双音节，把超过两个音节的减缩为双音节，双音节化是现代汉语的主要节奏倾向。'"[①] 据《现代

---

① 吕叔湘：《现代汉语单双音节问题初探》，《中国语文》1963年第1期。

汉语频率词典》统计，汉语中双音节词占词汇总数的73.6%，还有12%的单音节词使用相当灵活，常常能够组成双音节词组，节奏的安排比较容易。"韵步"或者"音步"也叫节拍，约略相当于音乐的一个小节。它是语句内停顿的地方。韵步是汉语节奏的重要单位，韵步的结合构成节奏群。音节是构成音步的基本单位。词或词组的音节成整倍数之比，可以造成音节整齐的局面。音步的划分一般而言以语义和语法为基础，大部分的四字格成语据此都可以分为前后两部分，所以可以分为前后两截的四字格成语通常是"2+2"的语音节奏。但是不能分为前后两截的四字格成语，在实际朗读和谈话中，它的语音停顿和语法、语义结构也往往不一致。如"面无人色"这个成语，从语义和语法的角度来看，"面"是主语，"无"是动词，加上"人色"这个宾语组成动宾短语充当了"面"的谓语。"无"和"人色"的关系最为紧密，应该读作：面—无人色，也就是"面"和"无"之间稍作停顿。但实际的情况是，人们经常会将该成语读为：面无—人色，在"面无"和"人色"中间略微停顿，形成两个双音节的音步。这就是吴慧颖所谓的"音韵的要求超过了语义和语法的制约，构成了成语音节排列的均衡美"①。所以，四字格结构的成语无论具有怎样的语法、语义关系，从节奏来看，绝大多数可以分成二二韵步结构。对此，史有为（1995）曾进行过专门论述，他举了几组不能分为前后两截的四字格成语的例子：

	成　语	结构组合	语音节奏
A.	好为人师　遥相呼应	1+3	2+2
B.	人之常情　天之骄子	1+1+2	2+2

---

① 吴慧颖：《四字格中的结构美》，《修辞学习》1995年第1期。

C. 弦外之音　半途而废　　　2+1+1　　　2+2
D. 三十六行　一衣带水　　　3+1　　　　2+2

上述 A、B、C、D 四组成语虽然在结构类型上各不相同，但是在语音节奏上却都是"2+2"，反映了语法结构和语音节奏明显不一致。这也说明了在四字格成语里，最主要的语音段落是"2+2"的两音步，也就是说，两个音节为一个音步，四个音节是两个音步，在两个音步之间略有停顿。如果说四个字体现了成语的整齐和谐，那么"2+2"的语音节奏则体现了成语的均衡和对称。

另一方面，大多数四字格成语还以音节的抑扬顿挫、平仄相间，形成音高上的错落变化，体现出汉语特有的节奏感和音乐美。四字格成语平仄搭配形式多样，平仄间隔出现的有以下几种[1]：

平平平仄：言之无物　他山攻错　臣门如市
平平仄仄：轻而易举　抛砖引玉　摇摇欲坠
平仄仄仄：因噎废食　敲骨吸髓　声价十倍
仄仄仄平：降格以求　举一反三　后发制人
仄仄平平：治国安民　豕突狼奔　祸福无门
仄平平平：转危为安　任人唯贤　采薪之忧
平仄平平：能者多劳　名列前茅　除暴安良
平平仄平：开诚布公　冥顽不灵　离群索居
平仄平仄：瑕不掩瑜　奇货可居　秋扇见捐
平仄平仄：投袂而起　所向披靡　皆大欢喜
仄平仄平：顺藤摸瓜　大慈大悲　反裘负刍
仄平仄仄：感恩戴德　假途灭虢　笑容可掬

---

[1] 这里的平仄均按照中古音而言。

仄平平仄：瓮中之鳖　束之高阁　不谋而合

仄仄平仄：以毒攻毒　不一而足　酒食征逐

四字格成语的这些平仄搭配类型丰富且多变化，从而体现出汉语语音平仄相间、整齐均衡的节奏感和韵律美。

（三）历史沿革影响

四字格成语大多都有源远流长的历史来源和发展过程，而且与文学语言史上韵文、骈文的发展有密切关系。

先秦时期的原始歌谣中，四字格已成为常用格式，如"日出而作，日落而息"。作为我国最早的一部诗歌总集，《诗经》中的诗句以四言为主，语言形式整齐，源于《诗经》的成语有150多条。有人统计《诗经》共有7284句诗，其中四言的有6724句，占到总数的92.3%[1]，有时为了凑足四个音节，甚至会采用附加虚词或单音节词重叠的方式。春秋时期思想的解放也带来了语言形式上的解放，但在先秦诸子的散文中，用来说理的四言短句并不少见。从孔子的"贫而无谄，富而无骄"到孟子的"不以规矩，不成方圆"，从老子的"知人者智，自知者明"到庄子的"至人无己，神人无功，圣人无名"，从墨子的"俭节则昌，淫佚则亡"到韩非子的"千里之堤，毁于蚁穴"等都是脍炙人口的四言短句。其后，汉魏四言诗和六朝骈文的兴起使四字格的语言形式得到进一步的巩固。曹操的《短歌行》《观沧海》《步出夏门行》，嵇康的《四言赠兄秀才入军诗》《忧愤诗》，陶渊明的《荣木》《停云》《劝农》《命子》等诗通篇皆为四言。枚乘的《七发》，司马相如的《子虚赋》《上林赋》，张衡的《归田赋》等汉大赋及王羲之的《兰亭集序》，杨衒之《洛阳伽蓝记》等散文中使用的四言短句也相当

---

[1]　夏传才：《诗经语言艺术》，语文出版社1985年版，第62页。

之多。唐朝的"古文运动"在韩愈和柳宗元的倡导下，虽然反对骈四俪六的骈文，但他们反对的主要还是骈体文的内容空洞及形式的苛求对情感表达的束缚。所以，四字句或含有四字格的句子在以后的诗词曲乃至散文中仍然大量存在。范仲淹的《岳阳楼记》和韩愈的《进学解》中四言短句就运用得多且巧妙，而作为诗论名著的司空图《二十四诗品》则全文为四言，甚至李白都曾说："寄兴深微，五言不如四言，七言又其靡也。"由此可以看出四字格成为成语的基本形式是受到了历史沿革的重要影响。正如吕叔湘先生所说："四音节好像一直都是汉语使用者非常爱好的语音段落。最早的诗集《诗经》里的诗以四言为主。启蒙的课本《千字文》《百家姓》《李氏蒙求》《龙文鞭影》等都是四言。亭台楼阁常常有四言的横额。品评诗文和人物也多用四个字（或八个字）的评语。流传最广的成语也是四言的为多。"①

三、四字格成语形成的方式

考察成语的来源可以发现，成语原来并不都是四个音节，而是在发展过程中逐渐向四个音节集中，最终成为一种主要的结构方式。四字格成语产生并固定下来的方法主要有以下几种。

一是，用截取的方法从既有的语句中直接截取四个字。

这类成语直接从原文中截取而成，词义没有太大变化，且在句中具有独立意义，例如：

求之不得——《诗经·周南·关雎》："窈窕淑女，寤寐求之。求之不得，寤寐思服。"

好生之德——《尚书·大禹谟》："好生之德，洽于民心，兹用

---

① 吕叔湘：《现代汉语单双音节问题初探》，《中国语文》1963年第1期。

不犯有司。"

长生久视——《老子》第五十九章:"有国之母,可以长久;是谓深根固柢,长生久视之道。"

乱臣贼子——《孟子·滕文公》:"孔子成《春秋》而乱臣贼子惧。"

踌躇满志——《庄子·养生主》:"提刀而立,为之四顾,为之踌躇满志。"

风声鹤唳——《晋书·谢玄传》:"闻风声鹤唳,皆以为王师已至。"

举棋不定——《左传·襄公二十五年》:"弈者举棋不定,不胜其耦。"

正本清源——《晋书·武帝纪》:"思与天下式明王度,正本清源。"

此类直接截取的成语数量相当多,如"咸与维新""视死若生""变化无常""为富不仁""自怨自艾""浩然之气""众妙之门""济河焚舟""信赏必罚""绰绰有余"等。

二是,用选取的方法从既有的语句中加以取舍,选取四个字。

这种通常是选取原句中最能概括该句或该段意义的词语来构成成语,当然有时是将原文中的虚词和一些不影响意义的实词加以删减而形成。例如:

狡兔三窟——《战国策·齐策》:"狡兔有三窟,仅得免其死耳;今君有一窟,未得高枕而卧也,请为君复凿二窟。"

食肉寝皮——《左传·襄公二十一年》:"臣食其肉,而寝处其皮矣。"

为人作嫁——秦韬玉《贫女诗》:"苦恨年年压金线,为他人作嫁衣裳。"

两小无猜——李白《长干行》:"同居长干里,两小无嫌猜。"

温故知新——《论语·为政》:"子曰:'温故而知新,可以为师矣。'"

见笑大方——《庄子·秋水》:"吾长见笑于大方之家。"

后来居上——《史记·汲黯传》:"陛下用群臣如积薪耳,后来者居上。"

投鼠忌器——《汉书·贾谊传》:"俚谚曰:欲投鼠而忌器,此善喻也。"

从原有语句中通过选择的方式构成的成语数量众多,如"少见多怪""白驹过隙""乘风破浪""察言观色""任重道远""得鱼忘筌""一日千里""集思广益""瞻前顾后""明察秋毫"等。

三是,用增加或更换字眼的方法来组成四字成语。

后人在保留诗文原意和关键字词的基础上,补充进去一些原文没有的字词或者将原文中的某个字加以更换后构成一个新的词组或短语,再被以后的人们沿袭使用而逐渐定型。例如:

中庸之道——《论语·雍也》:"中庸之为德也,其至矣乎!"在"中庸"之后增加了"之道"二字。

栩栩如生——《庄子·齐物论》:"昔者庄周梦为蝴蝶,栩栩然蝴蝶也!"在"栩栩"之后增加了"如生"二字。

兵不厌诈——《韩非子·难一》:"战阵之间,不厌诈伪。"在"不厌诈"之前增加了"兵"字。

笑里藏刀——白居易《劝酒十四首》:"且灭嗔中火,休磨笑里刀。"在"刀"之前增加了"藏"字。

自知之明——《老子》第三十三章:"知人者智,自知者明。"将"者"字换成了"之"字。

百无聊赖——《晋书·慕容德载记》:"王始临刑曰:'惟朕一

身,独无聊赖。'"将"独"字换成了"百"字。

天壤之别——《抱朴子·内篇》:"趋舍所尚,耳目之欲,其为不同,已有天壤之觉,冰炭之乖矣。"将"觉"字换成了"别"字。

见死不救——《孟子·梁惠王下》:"不诛,则疾视其长上之死而不救,如之何则可也?"将"视"字换成了"见"字。

这类成语还有"安贫乐道""待价而沽""明哲保身""一笔勾销""恶贯满盈""万全之策""蚕食鲸吞""宁缺毋滥""余勇可贾""自取其咎"等。

四是,分见两处的文字各取一部分合成一个四字成语。

这类成语是分取两部不同著作中的词语,将其相互搭配合并而形成的,例如:

尸位素餐——《尚书·五子之歌》:"太康尸位,以逸豫灭厥德。"
　　　　　《诗经·魏风·伐檀》:"不狩不猎,胡瞻尔庭有县貆兮?彼君子兮,不素餐兮!"

颠沛流离——《诗经·大雅·荡》:"颠沛之揭。"
　　　　　《汉书·薛广汉传》:"窃见关东困极,人民流离。"

流言蜚语——《书经·金縢》:"武王既丧,管叔及其群弟,乃流言于国。"
　　　　　《史记·魏其武安侯列传》:"乃有蜚语为恶言闻上。"

土牛石田——《左传·哀公十一年》:"得志于齐,犹获石田也,无所用之。"
　　　　　《礼记·月令》:"命有司,大傩,旁磔,出土牛,以送寒气。"

同仇敌忾——《诗经·秦风·无衣》:"王于兴师,修我戈矛,与子同仇。"

《左传·文公四年》:"诸侯敌王所忾,而献其功。"

守株胶瑟——《韩非子·五蠹》:"宋人有耕者,田中有株,兔走触株,折颈而死,因释其耒而守株,冀复得兔。兔不可复得,而身为宋国笑。"

《史记·廉颇蔺相如列传》:"蔺相如曰:'王以名使括,若胶柱而鼓瑟耳。括徒能读其父书传,不知合变也。'"

敷衍塞责——张衡《西京赋》:"筱荡敷衍。"

《韩诗外传》:"前犹与母处,是以战而北也,辱吾身;今母殁矣,请塞责。"

用分取合并的方法构成的成语还有"凤毛麟角""销声匿迹""幸灾乐祸""南箕北斗""春祈秋报"等。

五是,用选拔主题或概括主要内容的方法组成四字成语。

例如,我国古代有很多寓言和历史故事,它们生动有趣,蕴含哲理,给人以启迪,成为脍炙人口的典故,长期以来在民间广泛流传,拥有坚实的群众基础。后人多用成语的形式对这些寓言或故事进行提炼,从原始语料中概括出四字格成语来表达语义。例如:

邯郸学步——《庄子·秋水》:"且子独不闻夫寿陵余子学行于邯郸欤?未得国能,又失其故行矣,直匍匐而归耳。"

狐假虎威——《战国策·楚策》:"虎求百兽而食之,得狐。狐曰:'子无敢食我也!天帝使我长百兽,今子食我,是逆天帝命也。子以我为不信,吾为子先行,子随我后,观百兽之见我而敢不走乎?'虎以为然,故遂与之行。兽见之皆走。虎不知兽畏己而走也,以为畏狐也。"

自相矛盾——《韩非子·难一》："楚人有卖盾与矛者，誉之曰：'吾盾之坚，物莫能陷也。'又誉其矛曰：'吾矛之利，于物无不陷也。'或曰：'以子之矛，陷子之盾，何如？'其人弗能应也。夫不可陷之盾与无不陷之矛，不可同世而立。"

刻舟求剑——《吕氏春秋·察今》："楚人有涉江者，其剑自舟中坠于水，遽契其舟，曰：'是吾剑之所从坠。'舟止，从其所契者入水求之。舟已行矣，而剑不行，求剑若此，不亦惑乎！"

类似的成语有："守株待兔""初出茅庐""图穷匕见""歧路亡羊""滥竽充数""郑人买履""老马识途""郢书燕说""莫辨楮叶""杀彘教子"等。

从上面所举的四字格成语产生的方式可以看出，无论是直接截取、剪裁选取，还是选拔主题或概括主要内容的方式形成的成语都是以四字格作为外在结构形式。由此而产生的成语有些从字面上不容易了解其意思，如"为人作嫁""青梅竹马"等，但是就那样把四个字固定了下来，并一直为人们所沿用。这也进一步说明了成语的基本形式是四字格。

第二节　成语的语法结构

成语的结构关系指的是成语内部各构成语素之间的语法结构关系。作为一种特殊的词组，四字格成语的语法结构是汉语构词规则的缩影,反映在其中的结构关系基本上就是汉语组词构句的关系。

成语的基本形式是四字格,在此我们只对《词典》中所收的5077条四字格成语的语法结构进行定量分析。语言的内部规则一般来说总是体现在出现频率较高、常为人民群众所使用的词汇、短语和句子中,成语也不例外。为了不被一些用字生僻的成语冲淡常用成语的特征,我们把5077条四字格成语中的123条剔除在外。因为它们出现频率低,含有生僻字。对生僻字的界定,我们以丁声树编录、李荣参订的《古今字音对照手册》(1981)中的收录为标准,其中未收入的字判定为生僻字。因此,实际统计的四字格成语共有4954条。

一、成语的语法结构类型

成语的结构形式是多种多样的,汉语语法的结构关系,许多都可以在成语中看到。苏新春指出:"结构方面,成语包含有现代汉语几乎所有的结构类型,呈现出结构的多样化。"[1] 成语语法结构的这种多样化使得学者在对此进行分类时,往往因角度的不同而得出不同的类别。

马国凡从结构上将成语分为两大类:可以分成前后两截或两段的、不能分两截或两段的。前者内部又包括并列、对举、承接、目的、因果五种关系;后者又分为主谓、谓宾、谓补、谓宾补、兼语、偏正和并列七种关系。

史式根据结构关系将成语分为:联合结构、主谓结构、动宾结构、动补结构、动宾补结构、偏正结构和兼语结构等七种。

---

[1] 苏新春:《语言学及应用语言学丛书》,厦门大学出版社2001年版,第142页。

倪宝元、姚鹏慈把成语分为：主谓式、述宾式、述补式、状中式、定中式、连动式、兼语式、联合式、紧缩式等九种。

向光忠则将成语的结构关系概括为：联合式、偏正式、正补式、动宾式、主谓式、连谓式、兼语式和复句式等八种。

刘叔新把成语分为八类，分别是：并列结构、修饰结构、补充结构、支配结构、陈说结构、特殊连接结构、紧缩结构、意合结构。

通过上述划分可看出，成语组成较为复杂，结构类型多样。这里我们根据语法结构的不同，同时兼顾各构成成分间的语义关系，将成语概括为联合结构、主谓结构、动宾结构、中补结构、偏正结构、兼语结构和其他等七种。

（一）联合结构

联合结构的成语数量最多，其基本特点是联合的两部分共同表达一个意思或一个概念，前后两部分的语义不是简单相加，而是有机地融合在了一起。常用的方法是前后两者为同义或近义关系，如"推波助澜""丰功伟绩""心平气和""理屈词穷"等；有时前后两者是从正反两方面来描述一个道理，如"有名无实""舍本逐末""好逸恶劳""阳奉阴违"等。根据中心语的词性可以将联合结构成语分为名词性、动词性和形容词性三类。

1. 名词性联合成语

这类成语有一少部分是由四个名词构成的并列关系，它们都是同一层面上的，如：

青红皂白　风花雪月　魑魅魍魉　布帛菽粟

更多的名词性联合成语是由前后两个偏正式名词词组，也就是定中词组构成的，如：

凤毛麟角　白云苍狗　兰因絮果　吉光片羽　光风霁月
百孔千疮　衣架饭囊　稗官野史　羊肠鸟道　伶牙俐齿

2. 动词性联合成语

(1) 由四个单音节动词构成的并列关系。如：

纵横驰骋　生杀予夺　生死存亡　切磋琢磨　喜怒哀乐

(2) 由前后两个并列的双音节动词构成的。如：

穿凿附会　敲诈勒索　颠沛流离　阿谀奉承　挑拨离间

(3) 由前后两个处于并列关系的动宾词组构成，这类成语是动词性联合成语中数量最多的。如：

推波助澜　悲天悯人　寻根究底　开诚布公　落井下石
抛砖引玉　含英咀华　齐心协力　咬文嚼字　结草衔环

(4) 由前后两个偏正式动词词组，也就是状中词组构成，如：

千锤百炼　生搬硬套　冥思苦想　兼收并蓄　两败俱伤

(5) 由前后两个"名＋动"词组构成，但这里的"名＋动"不是主谓词组，而是沿用古汉语中名词直接作状语的形式来构成的状中词组。如：

山盟海誓　蚕食鲸吞　旁敲侧击　风驰电掣　风餐露宿

(6) 由前后两个动词性的主谓词组构成。如：

风起云涌　豕突狼奔　家破人亡　鹊笑鸠舞　斗转星移

(7) 由前后两个中心语是动词的中补词组构成。如：

斩尽杀绝　翻来覆去　出谷迁乔　买空卖空　秀外慧中

3. 形容词性联合成语

(1) 由两个形容词或形容词性的并列词组构成。如：

　　谨小慎微　蒙昧无知　博大精深　简明扼要　错综复杂

(2) 由两个偏正式形容词词组，也就是状中词组构成。如：

　　毕恭毕敬　同甘共苦　十全十美　老奸巨猾　奇耻大辱

这种结构类型中有一类比较特殊的，是由两个否定的形容词性短语构成的"不×不×"的固定格式，如：

　　不偏不倚　不卑不亢　不伦不类　不尴不尬　不丰不杀

(3) 由两个形容词性的主谓词组构成，这类成语数量较多。如：

　　色厉内荏　冰清玉洁　政通人和　才疏学浅　德高望重

(二) 主谓结构

主谓，指的是一种语法结构，而不是语法性质或语法功能。主谓结构的成语前后两部分有着陈述和被陈述的关系，相当于语法上主语和谓语两部分。根据其中谓语词性的不同，可以将主谓成语分为动词性的和形容词性的两大类。

1. 动词性主谓结构成语

所谓动词性主谓结构，就是谓语由动词或动词词组充当。主谓结构成语从语法角度来说，是一个完整的主谓句。但成语经常只充当句子成分，所以对于具备句子结构的这类成语，一般也只称它为句子形式。动词性主谓结构成语根据谓语的不同，可以分为：

(1) 谓语由动宾词组构成，这类成语在动词性主谓成语中数量最多。如：

愚公移山　蜂虿有毒　暗箭伤人　蜀犬吠日　痴人说梦
蚍蜉撼树　瞎子摸鱼　鹦鹉学舌　门庭若市　飞蛾投火

（2）谓语由偏正式动词词组充当。如：

锋芒毕露　楚囚对泣　髀肉复生　鹬蚌相争　哀兵必胜
暗箭难防　玉石俱焚　雅俗共赏　孺子可教　覆水难收

（3）谓语由中心语是动词的中补词组充当。如：

一网打尽　哀鸿遍野　一语道破　机关用尽　感慨系之

（4）谓语直接由动词构成。如：

神魂颠倒　新陈代谢　觥筹交错　民怨沸腾　风雨飘摇

（5）谓语由动词性主谓词组充当。如：

毛遂自荐　夫子自道　万夫莫当　丑态百出　夜郎自大

动词性主谓成语除了上述所列的主语是两个字的以外，还有一些的主语是一个字的，构成了"一·三"格的动词性主谓结构。如：

腰缠万贯　意在言外　瑕不掩瑜　鹤立鸡群　风卷残云
狐假虎威　势不两立　责无旁贷　名列前茅　鹊笑鸠舞

2. 形容词性主谓结构成语

形容词性主谓结构，就是谓语由形容词或形容词性词组充当。根据谓语构成的不同，可以将形容词性主谓结构成语分为：

（1）谓语直接是一个形容词。如：

声名狼藉　波涛汹涌　壁垒森严　大义凛然　众寡悬殊
八面玲珑　民生凋敝　戎马倥偬　万事亨通　气焰嚣张

（2）谓语由偏正式形容词词组充当。如：

　　工力悉敌　记忆犹新　耳目一新　人心惟危　万籁俱寂

（3）谓语由形容词性主谓词组充当。如：

　　贼人胆虚　黔驴技穷　洛阳纸贵　江郎才尽　智勇双全

这种类型的成语除了主语是两个字的外，还有"一·三"格的形容词性主谓结构，如：

　　业精于勤　眼高于顶　才高八斗　心乱如麻　胆小如鼠

（三）动宾结构

动宾结构的成语前后两部分之间是支配和被支配的关系，相当于语法上述语和宾语两个部分。这里可以分为以下几类。

1. 动宾式

这类成语直接由动词和宾语两部分组成，前面没有修饰的状语。根据动词是单音节还是双音节，又可分为"二·二"格的，即双音节动词和一个名词或名词性词组构成。如：

　　包罗万象　附庸风雅　搜索枯肠　排斥异己　支吾其词
　　闪烁其词　权衡轻重　压倒元白　扫除天下　荼毒生灵

还有"一·三"格的，指的是由一个单音节动词和名词性词组构成的动宾成语，这种类型也有相当的数量。如：

　　步人后尘　打落水狗　掩人耳目　为所欲为　摇鹅毛扇
　　拾人牙慧　看人眉睫　投其所好　打退堂鼓　窥豹一斑

2. 状动宾式

这类成语由单音节形容词或副词充当状语，加上单音节动词及名词或名词性词组构成的成语。如：

  大放厥词 广开言路 巧立名目 甘拜下风 平分秋色
  自投罗网 各执一词 别开生面 枉费心机 故弄玄虚

这里的状语是否定副词"不"的成语也较为多见。如：

  不修边幅 不分皂白 不乏其人 不计其数 不动声色
  不厌其烦 不违农时 不识大体 不忘沟壑 不拘小节

需要指出的是动宾结构中的这种状动宾式很容易跟偏正结构中的一类成语混淆，如"囫囵吞枣""率尔操觚"等，这类成语从结构分析也是状动宾式。为什么它们是偏正结构，而"广开言路""巧立名目"则是动宾结构呢？前面已经说过，四字格成语通常都是"2+2"的语音节奏，大部分都可以分为前后两部分，所以"广开/言路"前后两部分是动宾关系，而"囫囵/吞枣"前后两部分则是偏正关系。

3. 动补宾式

这类成语的动语是动补结构，后面由名词或名词性词组作宾语。如：

  费尽心机 挖空心思 望穿秋水 铸成大错 响遏行云

（四）中补结构

中补结构的成语前后两部分是补充和被补充的关系，相当于语法上的中心语和补语。根据中心语词性的不同，可以将其分为以下两类。

1. 动词性的中补结构

动词性的中补结构指的是这类成语的中心语由动词或动词性词组充当，其中包括：

(1) 中心语为单音节动词的。如：

奉若神明　寄人篱下　爱不释手　掉以轻心　讳莫如深

(2) 中心语为双音节动词的。如：

暴露无遗　停滞不前　沉吟不决　招架不住　退避三舍

(3) 中心语为动宾词组的，这类成语数量较多。如：

嗤之以鼻　逐鹿中原　失之交臂　入木三分　见笑大方
叫苦不迭　付之一炬　乐此不疲　扫地以尽　问道于盲
防患未然　束之高阁　求之不得　垂涎三尺　矫枉过正

(4) 中心语为偏正结构的状中词组的。如：

常备不懈　相濡以沫　不见经传　宁死不屈　永垂不朽
同归于尽　并行不悖　严惩不贷　应接不暇　层出不穷

2. 形容词性的中补结构

形容词性的中补结构指的是这类成语的中心语为形容词或形容词性词组，其中包括：

(1) 中心语为单音节形容词的。如：

盛极一时　弱不禁风　迫在眉睫　稳如泰山　肆无忌惮
饥不择食　安于现状　严于律己　坚不可摧　近在咫尺

(2) 中心语为双音节形容词的。如：

亲密无间　逍遥法外　烜赫一时　荒谬绝伦　从容不迫
如此而已　坚定不移　坚持不懈　犹豫不决　完美无缺

在这类成语中有一部分的形容词是由词根加上词缀"然"构成的。如：

跃然纸上　安然无恙　岿然不动　迥然不同　依然如故

（五）偏正结构

偏正结构的成语是由表修饰、限定的修饰语和被修饰、被限定的中心语两部分构成，根据中心语性质的不同可以分为两种：定中结构和状中结构。

1. 定中结构

定中结构指的是由名词或名词性词组充当中心语的偏正成语。

（1）定中结构的成语，有的其定语是名词性的。如：

沧海一粟　终南捷径　锦囊妙计　梁上君子

（2）有的其定语是形容词性的。如：

庞然大物　轩然大波　风流人物　本来面目　谦谦君子

（3）有的其定语是动词性的。如：

开路先锋　不测风云　开山祖师　倾盆大雨　断线风筝

（4）有的在定语和中心语之间会用虚词"之"加以连接。如：

不刊之论　门户之见　不白之冤　嗟来之食　口耳之学

2. 状中结构

状中结构指的是由谓词或谓词性词组充当中心语的偏正成语。

（1）如果中心语是动词性的，则是动词性状中结构。

① 中心语是动词的。如：

无病呻吟　未雨绸缪　豁然贯通　惨淡经营　幡然悔悟

② 中心语是动宾词组的。如：

以德报怨　按图索骥　雪中送炭　班门弄斧　为虎作伥

③ 中心语是状中词组的。如：

望洋兴叹　万劫不复　恍然大悟　蠢蠢欲动　万古长存

④ 状语和中心语之间由虚词"而"加以连接的。如：

不胫而走　戛然而止　侃侃而谈　联翩而至　半途而废

(2) 如果中心语是形容词性的，则是形容词性状中结构。
① 中心语是形容词或形容词性词组的。如：

落落大方　栗栗危惧　千里迢迢　遐迩闻名　岌岌可危

② 中心语是形容词的否定形式的。如：

恋恋不舍　络绎不绝　惴惴不安　卓尔不群　孜孜不倦

(六) 兼语结构

兼语结构成语的第一个动词为使令性、致使性或存现性动词，其宾语兼作后面主谓词组的主语，例如：

认贼作父　引人瞩目　指鹿为马　令人发指　引狼入室
化险为夷　请君入瓮　有目共睹　有机可乘　转危为安
纵虎归山　弄巧成拙　看朱成碧　爱财如命　有案可稽

(七) 其他

除了上述六种结构关系的成语外，还有一些四字格成语是无法用现代汉语的语法去分析的。正如马国凡所说："四字格结构的可析性并不是四字格语言结构的全部。在可析性的基础上，某些四字格的结构由于各种原因而变得模棱两可甚至模糊不清，这就产生了结构的模糊性问题。"①比如:"马耳东风""青蝇吊客""马首是瞻""人莫予毒""不亦乐乎"等,我们把这些成语归入其他结构一类。造成四字格成语结构上具有模糊性从而不可分析的原因较为复杂,概括起来主要有两个方面:一是由于四字格框架的限制而省略结构成分造成的。成语很大的一个特点是言简意赅,就是要把所有的结构成分减少到最低限度,同时又要满足表达的需要,表示完整的意义。这样的高度压缩就势必造成结构成分的省略,以"简"伤"明"的情况也导致了结构上的模糊和难以分析。如"盲人瞎马"其实是对《世说新语·排调》中"盲人骑瞎马,夜半临深池"的精简省略,省略了主语"盲人"和宾语"瞎马"之间的谓语动词"骑"。"变生肘腋"则源于《三国志·蜀志》中的:"近则惧孙夫人生变于肘腋之下。"将其中的介词"于"省略而形成的。二是古汉语特有的一些生僻词、古今异义词和结构模式在成语中的残留及成语中出现的词类活用等情况造成了一些成语结构的不可分析,也就是所谓的模糊性。如"沆瀣一气"是使用频率较高的一条成语,出自宋·钱易的《南部新书》,其中记载,唐代崔瀣参加科举考试,被考官崔沆录取。时人嘲笑说:"座主门生,沆瀣一气。"比喻气味相投的人联结在一起,多用于贬义。但"沆瀣"这个词在现代汉语中极少使用,就很容易造成理解上的障碍。再比如"唯利是图""唯命是听""惟利是视""唯命是从"等成语所套用的古语格式"唯……是……"本身是古代汉语所特有的一种宾语前置句,也很难用现代汉语的结构关系去分析。

经过对《词典》的统计,上面这几种结构各自所占有的成语条数和比例见表4。

---

① 马国凡:《四字格结构的模糊性》,《内蒙古师大学报》1989年第3期。

表 4 成语结构类型分布统计

关系	联合	主谓	动宾	中补	偏正 定中	偏正 状中	兼语	其他	合计
数量	2171	963	439	380	306	589	54	52	4954
比例（%）	43.82	19.44	8.86	7.67	6.18	11.89	1.09	1.05	100

从表4数据可以看出，联合结构的成语共有2171条，占了四字格成语总数的将近一半，在数量上占绝对优势。主谓结构和偏正结构次之，分别占了19.44%和18.07%，接下来是动宾结构和中补结构，数量最少的是兼语结构和其他类型的成语，各自只有五十来条，只占了总数的1%。

二、成语的语法结构特征

根据表4统计我们发现联合结构在成语中占了绝对的优势，它的特点在某种程度上可以说是四字格成语的特点，具体论述如下。

（一）成语结构关系的特征

联合结构的成语，其前后两部分在结构关系上表现出高度的一致性，从而构成了一种两两对称的均衡布局。根据前后两部分语法结构的不同，可以将联合结构的成语分为以下几种类型。

1. 两部分都是主谓关系的

例如：

风(主)平(谓)——浪(主)静(谓)　龙(主)飞(谓)——凤(主)舞(谓)

文(主)恬(谓)——武(主)嬉(谓)　山(主)穷(谓)——水(主)尽(谓)

字(主)斟(谓)——句(主)酌(谓)　土(主)崩(谓)——瓦(主)解(谓)

珠(主)联(谓)——璧(主)合(谓)　势(主)均(谓)——力(主)敌(谓)

这类成语是由两个主谓结构的词组联合而成，其中的谓语可以是动词，也可以是形容词。由动词充当谓语时，主语多数表示施事，指出动作行为的发出者，如"龙飞凤舞""珠联璧合"等；但也有少部分主语表示受事，指出动作行为的承受者，如"字斟句酌"等。由形容词充当谓语时，主语多数表示当事，如"风平浪静""势均力敌"等。

2. 两部分都是动宾关系的

例如：

舞(动)文(宾)——弄(动)墨(宾)　斩(动)草(宾)——除(动)根(宾)

循(动)规(宾)——蹈(动)矩(宾)　顶(动)天(宾)——立(动)地(宾)

翻(动)江(宾)——倒(动)海(宾)　养(动)精(宾)——蓄(动)锐(宾)

沽(动)名(宾)——钓(动)誉(宾)　藏(动)龙(宾)——卧(动)虎(宾)

这类成语是由两个动宾结构的词组联合而成，其中的宾语通常是由名词来作为受事宾语，指出动作行为支配或关涉的对象，如"斩草除根""沽名钓誉"等。也存在个别成语的宾语为施事宾语，指出动作行为的发出者，如"藏龙卧虎"等。

3. 两部分都是偏正关系的

其一，定中关系的。例如：

和(偏)风(正)——细(偏)雨(正)　锦(偏)心(正)——绣(偏)口(正)

城(偏)狐(正)——社(偏)鼠(正)　高(偏)风(正)——亮(偏)节(正)

蓬(偏)头(正)——垢(偏)面(正)　花(偏)言(正)——巧(偏)语(正)

轻(偏)裘(正)——肥(偏)马(正)　晨(偏)钟(正)——暮(偏)鼓(正)

这类成语是由两个定中结构的词组联合而成。根据定语的性质，分为描写性定语，指从性质、状态等方面对后面的中心语进行描述，如"蓬头垢面""锦心绣口"等；还有限制性定语，指从时间、地点、归属等方面对后面的中心语进行限制，如"城狐社鼠"等。

其二，状中关系的。例如：

远(偏)走(正)——高(偏)飞(正)　　并(偏)驾(正)——齐(偏)驱(正)
高(偏)瞻(正)——远(偏)瞩(正)　　南(偏)征(正)——北(偏)战(正)
万(偏)紫(正)——千(偏)红(正)　　轻(偏)举(正)——妄(偏)动(正)
深(偏)思(正)——熟(偏)虑(正)　　左(偏)顾(正)——右(偏)盼(正)

这类成语是由两个状中结构的词组联合而成。状语也可分为限制性和描写性两类。限制性状语常用来表示时间、处所、程度、方式、范围等，如"左顾右盼""南征北战"。描写性状语是用性质和状态等方面对中心语加以描写或形容，如"轻举妄动""深思熟虑"等。

4. 两部分都是并列关系的

例如：

鳏寡(联合)——孤独(联合)　　起承(联合)——转合(联合)
声色(联合)——犬马(联合)　　抑扬(联合)——顿挫(联合)
风花(联合)——雪月(联合)　　悲欢(联合)——离合(联合)
生死(联合)——存亡(联合)　　魑魅(联合)——魍魉(联合)

这类成语的前后两部分都是并列关系，有的甚至构成成语的四个词都是并列的，如"鳏寡孤独""魑魅魍魉"等。根据语义，前后二者可以是同义并列，如"声色犬马""风花雪月"等；也可以是反义并列，如"抑扬顿挫""生死存亡"等。需要指出的是，这类并列关系的联合成语语义往往具有泛化性，如"风花雪月"泛指四时景色；"生老病死"本为佛教用语，指人之四苦，即出生、衰老、生病、死亡，作为成语概括为人生经历。

5. 两部分都是中补关系的

例如：

斩(中)尽(补)——杀(中)绝(补)　　翻(中)来(补)——覆(中)去(补)

出(中)谷(补)——迁(中)乔(补)　　买(中)空(补)——卖(中)空(补)

这类成语是由两个中补结构的词组联合而成，数量较少。其中的补语，有的是补充说明动作、行为导致的结果，如"斩尽杀绝""买空卖空"等；有的是用来表示事物随动作而移动的方向，如"翻来覆去"等；有的是来表示动作发生的时间和处所，如"出谷迁乔"等。

6. 两部分都是联绵词的

例如：

颠沛(联绵词)——流离(联绵词)　　斑驳(联绵词)——陆离(联绵词)

缠绵(联绵词)——悱恻(联绵词)　　汹涌(联绵词)——澎湃(联绵词)

鲁莽(联绵词)——灭裂(联绵词)　　风流(联绵词)——倜傥(联绵词)

这里需要指出的一点是：联绵词是指两个音节连缀成义而不能拆开来讲的词，对一个联绵词不能再进行语法分析。如"望洋兴叹"出自《庄子·秋水》："于是焉，河伯始旋其面目，望洋向若而叹。"这里的"望洋"是个联绵词，指仰视的样子，是不能再进行结构分析的，整个成语属于偏正关系。但是这些古代视为联绵词的词语，今天在一般人的理解中已经有所不同了。马国凡在其《成语》中将"望洋兴叹"分析为谓宾结构，并把其中的"望洋"分析为动宾关系。而且在如今一些文章或广告中我们也经常能见到"望车兴叹""望楼兴叹"等仿词。

通过上述举例分析可以看出，联合结构成语的前后两部分语法关系完全相同、高度一致，使得成语的外在形式均衡对称，具有一种平衡美感，同时也更符合汉民族语言的表达习惯。

（二）成语结构成分的特征

联合结构成语前后两部分对应位置上语法成分的性质基本是相同的，也就是说，成语的一、三字，二、四字的词性往往都是一致的，这也表现出成语均衡对称的特点。

1. 体词＋体词—体词＋体词

指的是成语一、三，二、四音节都是体词，可以分为两种情况：

（1）全部都是名词，即名词＋名词—名词＋名词。如：

花容月貌　郎才女貌　枪林弹雨　南腔北调　火海刀山
口蜜腹剑　车水马龙　火树银花　暮鼓晨钟　东鳞西爪

这类成语大多数是定中词组的联合，如"花容月貌"，也有不少是主谓词组的联合，如"郎才女貌"。

（2）一、三为数词，二、四为名词，即数词＋名词—数词＋名词。如：

五湖四海　九牛一毛　四面八方　三言两语　七嘴八舌
一波三折　一言九鼎　万水千山　千军万马　三心二意

这类成语基本上都是定中词组的联合，两个数词从数量上对后面的名词中心语进行修饰限定。有时这两个充当中心语的名词指的是同一类事物，前后两个量词都是对同一类事物的共同说明，如"三言两语"；而有时名词分指两个事物，量词则对两个事物分别加以说明，如"九牛一毛"。

2. 谓词＋谓词—谓词＋谓词

指的是成语一、三，二、四音节都是谓词，具体可分为以下四种情况。

（1）全部都是动词，即动词＋动词—动词＋动词。如：

　　继往开来　救死扶伤　养生丧死　切磋琢磨　纵横驰骋

这类成语大多数是动宾词组的联合，处于二、四音节的动词往往活用为名词，用以表示与该动作行为有关的人或事物，如"养生丧死"。也有部分成语是四个单音节动词的联合，表示四种不同的动作行为，如"切磋琢磨"。

（2）全部都是形容词，即形容词＋形容词—形容词＋形容词。如：

　　老奸巨猾　奇耻大辱　同甘共苦　谨小慎微　轻重缓急

这类成语多数是状中词组的联合，前面的形容词对后面的中心语形容词加以修饰限定，如"老奸巨猾"。同时有个别成语是四个单音节形容词的联合，表示四种不同的状态，如"轻重缓急"。

（3）一、三为动词，二、四为形容词，即动词＋形容词—动词＋形容词。如：

　　驾轻就熟　标新立异　挑肥拣瘦　弃暗投明　登高望远
　　去伪存真　出乖露丑　争长论短　好逸恶劳　弄虚作假

这类成语基本上是动宾词组的联合，处于二、四音节的形容词都活用为了名词，表示具有该形容词所描述的性质状态的人或事物。

（4）一、三为形容词，二、四为动词，即形容词＋动词—形容词＋动词。如：

胡言乱语　轻举妄动　轻描淡写　粗制滥造　高瞻远瞩
巧取豪夺　平铺直叙　生搬硬套　老谋深算　多藏厚亡

这类成语都是状中词组的联合，前面作状语的形容词常用来对动作进行的方式和情况进行描述。

3. 体词＋谓词—体词＋谓词

指的是成语一、三音节为体词，二、四音节为谓词，具体可分为以下几种情况。

（1）一、三为名词，二、四为动词，即名词＋动词—名词＋动词。如：

鸡飞蛋打　兔死狗烹　南征北战　鬼使神差　眉飞色舞
人亡政息　土崩瓦解　口诛笔伐　天造地设　手舞足蹈

这类成语主要有两种，一种是主谓词组的联合，两个谓语动词对主语所表示的人或事物进行陈述说明，如"鸡飞蛋打"；一种是状中词组的联合，处于一、三位置上的名词放在动词前直接作了状语，表示动作行为发生的时间、处所、方式、趋向或工具等，如"南征北战"。

（2）一、三为名词，二、四为形容词，即名词＋形容词—名词＋形容词。如：

面红耳赤　眉清目秀　珠圆玉润　德高望重　根深蒂固
才疏学浅　山穷水尽　天荒地老　风平浪静　心明眼亮

这类成语全都是主谓词组的联合，充当谓语的两个形容词描述了两个主语的性状特征。

（3）一、三为数词，二、四为动词，即数词＋动词—数词＋动词。如：

一来二去　千呼万唤　三令五申　七拼八凑　一唱一和

七擒七纵　一曝十寒　一呼百诺　九死一生　千锤百炼

这类成语都是状中词组的联合，需要注意的是这种数词成语数量较多，且使用得较为频繁，同时它们语义上的一个共同特点就是其中的数字词义已经虚化，只是从数量方面强调某种动作行为，通常都有多次、反复的意味。

（4）一、三为数词，二、四为形容词，即数词＋形容词—数词＋形容词。如：

四平八稳　一清二楚　一穷二白　千奇百怪　十全十美

万紫千红　七荤八素　三长两短　三贞九烈　一差二错

这类成语全部都是状中词组的联合，处于二、四音节的形容词通常是同义、近义的关系，而一、三音节的数字词义虚化，强调了后面形容词所描述的性质状态，有"极其""非常"的含义。如"十全十美"就是极言其完美无缺。

4. 谓词＋体词—谓词＋体词

指的是成语一、三音节为谓词，二、四音节为体词，具体可以分为以下几种情况。

（1）一、三为动词，二、四为名词，即动词＋名词—动词＋名词。如：

拐弯抹角　招兵买马　斩钉截铁　沽名钓誉　降龙伏虎

引经据典　飞檐走壁　发号施令　有气无力　扬眉吐气

这类成语通常都是动宾词组的联合，一、三音节表示一种动作行为，二、四音节的名词指出动作行为所支配的对象。

（2）一、三为动词，二、四为数词，即动词＋数词—动词＋数词。如：

举一反三　挂一漏万　说三道四　丢三落四　杀一儆百

这类成语都是动宾词组的联合，处于二、四音节的数词表示具有该数量特征的人或事物，从而被前面的动词所支配。

（3）一、三为形容词，二、四为名词，即形容词＋名词—形容词＋名词。如：

明枪暗箭　和风细雨　丰衣足食　哀丝豪竹　洪水猛兽
冗词赘句　正本清源　阴谋诡计　远见卓识　赤手空拳

这类成语可以分为两种情况：一是由两个定中词组联合而成，处于一、三音节的形容词对后面的名词加以修饰限定，如"明枪暗箭"；二是由两个动宾词组联合而成，一、三音节的形容词活用为动词，有使动或意动的用法。如"丰衣足食"的意思是"使衣服丰富，使食物充足"。

从上述分析可以看出，成语的前后两部分不仅语法结构高度一致，而且词性也基本相同，往往是相同词性的词在相应位置对举出现，这就形成了一种均衡对称的语言之美。

（三）成语语法关系的特征

除了语法结构和语法成分，成语在语法关系上也表现出均衡对称的特点。根据联合成语中前后两部分之间的关系的不同，大致可以分为并列、对比、承接、因果、目的五种。

1. 并列关系

按并列关系组成的成语，其前后两部分没有先后、主次之分，两个部分的整体意义基本一样，实际上是一种重复性的强调。例如：

轻举——妄动　　琼楼——玉宇
回心——转意　　偷梁——换柱
趋炎——附势　　口诛——笔伐

2. 对比关系

这类成语前后两部分互相映衬，每一部分都不能单独表示成语的意义。并列关系的一部分就可以表示整个成语的意义，而对比关系必须同时使用才能表达特定的含义。例如：

有名——无实　貌合——神离
外强——中干　志大——才疏
人面——兽心　凶多——吉少

3. 承接关系

这类成语前后两部分一定不能颠倒。因为就事理而言，前一部分的事情必然发生在前，后一部分的事情必然发生在后。例如：

过河——拆桥　落井——下石
登堂——入室　继往——开来
先斩——后奏　见异——思迁

4. 因果关系

这类成语前后两部分是一种原因与结果的关系，前者为因，后者为果。所以前后两部分也是不能颠倒的。例如：

水滴——石穿　理屈——词穷
绳锯——木断　得道——多助
打草——惊蛇　睹物——思人

5. 目的关系

这类成语的前一部分所表示的行为以后一部分所表示的行为为目的。例如：

惩前——毖后　　削足——适履
守株——待兔　　杀一——儆百
治病——救人　　抛砖——引玉

通过上面的分析，我们发现对仗作为构成联合式成语的手段被广泛地运用。所谓对仗，就是把同类概念或对立概念相对并列的一种形式。诗中的对仗，可以两句相对，也可以句中自对。作为一个词组的成语，只能是两个节奏单位的自对。体现在联合式成语结构上就是前后两部分语法结构相同，一三、二四两字各自词性相同，词义相辅或相反，前后两部分的关系彼此平列。虽然有的内部关系有前后之分，但它们处于同等地位，不分主次。不管前后两部分都是主谓关系的"烟消云散""耳闻目睹"，或者都是动宾关系的"摧枯拉朽""激浊扬清"，抑或都是偏正关系的"冷嘲热讽""赤胆忠心"，它们的前后两截都是一副工整的对联，都以相同的结构字数、相应的成分词性，表达相近相关或相反的意义，在形式上它给人以匀称的美感，在内容上，由于近义的相成，或反义的映衬，给人以鲜明强烈的印象。而这些对仗的形式，表现了联合式成语均衡对称的特点。

第三节　成语的语义结构

第二节从语法的角度对成语的结构进行了分析，本节我们来看看在语义方面成语表现出什么样的特征。就语义而言，成语中存在大量的同义、类义、反义对举的情况。联合式成语同其他类型的成语相比不仅数量多，而且有自身独具的特点，所以单列出来进行讨论。

一、联合式成语的语义结构

在论述语法结构时已经提到，联合结构的成语是指可以分为结构相同、词类相应、意义相同、相类或相反的前后两部分的成语。具体而言，意义相同是指成语前后两部分的意义相同。如"移风易俗"，其中的"移"和"易"都是改动、变换之意，"风"和"俗"俱指风俗、习惯，"移风"和"易俗"两部分意思相同，都是指转移风气、改变习惯。类似的成语还有"铜墙铁壁""金科玉律""提心吊胆"等。意义相类是指成语前后两部分虽然意义不完全相同，但它们词性相同，意义上则是类似、相关或接近。如"曲高和寡"，"曲"指曲调，是名词，"和"指跟着唱的人，也是名词，二者词性相同，意义相关。"高"是高雅，形容词，"寡"是少，也是形容词，二者词性相同。"曲高""和寡"两部分意义相类，指的是乐曲的格调越高，能跟着唱的人就越少。类似的成语有"闭月羞花""轻车熟路""语重心长"等。意义相反是指成语前后两部分意义相反。如"有始无终"，"有"和"无"是一对反义词，"始"和"终"是一对反义词，"有始"和"无终"意思相反。类似的成语有"深入浅出""避重就轻""口是心非"等。这些由意义相同、相类或相近，相反或相对的语素或词联合而形成的对仗或对偶的成语，根据其相应位置上字的词性，具体可以分为以下几种类型。

（一）同义并列

（1）相应位置上的字词性相同，指的是处于一、三音节，或二、四音节的都是名词对名词，动词对动词，形容词对形容词；

意义相同或相类，也就是由两组同义、类义成分交错对举而构成。如"求全责备"，其中"求"和"责"都是要求的意思，它们是一组同义成分，且都是动词；"全"和"备"都是齐全的意思，它们也是一组同义成分，且都是形容词。"求""责"和"全""备"这两组同义成分交错对举，构成了"求全责备"这个成语。类似的成语有：

　　家喻户晓　眉开眼笑　理直气壮　咬文嚼字　斩钉截铁
　　赤手空拳　轻描淡写　深思熟虑　奇形怪状　聚精会神

（2）相应位置上的字词性相同，但意义上有同有异：每个音步中的第一个字意义相同或相类，而第二个字意义相反或相对，也就是由一组同义、类义成分和另一组反义成分交错对举而构成。如"说长道短"，其中的音步首字"说"和"道"都是动词，并且意义相同；而音步尾字"长"和"短"都是形容词，两者意义相反，二者交错对举，构成了这个成语。类似的成语有：

　　　同甘共苦　改天换地　瞻前顾后　推陈出新
　　　·△·　　·△·　　·△·　　·△·
　　　欢天喜地　街头巷尾　绝无仅有　空前绝后①
　　　·△·　　·△·　　·△·　　·△·

（3）相应位置上的字词性相同，但意义上有异有同：每个音步中的第一个字意义相反或相对，而第二个字意义相同或相类，也就是由一组反义成分和另一组同义、类义成分交错对举而构成。如"南腔北调"，其中的音步首字"南"和"北"都是方位名词，意义截然相反；而音步尾字"腔"和"调"都是名词，意义相同，

---

① 同义成分用·表示，反义成分用△表示。下同。

二者交错对举，构成了这个成语。类似的成语有：

南征北战　横冲直撞　明争暗斗　天长地久
△·△·　△·△·　△·△·　△·△·
来龙去脉　大惊小怪　里应外合　文恬武嬉
△·△·　△·△·　△·△·　△·△·

(4) 相应位置上的字词性相同，意义相反相对，也就是由两组反义成分交错对举而构成。如"出生入死"，其中的音步首字"出""入"是一组反义成分，音步尾字"生""死"也是一组反义成分，二者交错对举，构成了此成语。类似的成语有：

方兴未艾　破旧立新　无独有偶　有名无实
苦尽甘来　舍本逐末　避实就虚　天南地北

(5) 两个音步中的首字是同一个字，而尾字词性相同，意义相同或相类，也就是由同一成分和一组同义、类义成分交错对举而构成。如"自言自语"，其中两个音步的首字都是"自"，它同音步尾字"言""语"这组同义成分交错搭配形成了该成语。类似的成语有：

全心全意　尽善尽美　克勤克俭　先知先觉
·　　·　·　　·　·　　·　·　　·
可歌可泣　多才多艺　惟妙惟肖　古色古香
·　　·　·　　·　·　　·　·　　·

(6) 两个音步中的首字都是数词，而音步尾字词性相同，意义相同或相类，也就是由两个不表示实在数目的数词和一组同义、类义成分交错对举而构成。如"七手八脚"，其中两个音步的首字

"七"和"八"是两个不表示实际数量的数词,音步尾字"手"和"脚"都是名词,且意义相类,它们交错搭配构成了这个成语。类似的成语还有:

   五湖四海 四通八达 三令五申 万紫千红
   三番五次 七拼八凑 一年半载 一清二楚

  上述所列的这些情况,不管相应位置上字的意义是相同、相类,还是相反、相对,这些成语前后两部分表达的意义都是相同的,而且音步首字和音步尾字的词性也完全相同,所以它们在语义上就体现出了一种均衡对称的特点。

  (二)反义并列

  (1)相应位置上的字词性相同,意义相反相对,也就是由两组反义成分交错对举而构成。如"阳奉阴违",其中的音步首字"阳""阴"是一组反义成分,音步尾字"奉""违"也是一组反义成分,二者交错对举,构成了此成语。类似的成语有:

   色厉内荏 名存实亡 生荣死哀 厚此薄彼
   深入浅出 左支右绌 亲痛仇快 此起彼伏

  (2)相应位置上的字词性相同,但意义上有同有异:每个音步中的第一个字意义相同或相类,而第二个字意义相反或相对,也就是由一组同义、类义成分和另一组反义成分交错对举而构成。如"翻来覆去",其中的音步首字"翻"和"覆"都是动词,并且意义相同;而音步尾字"来"和"去"都是动词,两者意义相反,二者交错对举,构成了这个成语。类似的成语有:

人弃我取　大醇小疵　口是心非　山高水低

开源节流　眼高手低　言简意赅　人面兽心

（3）两个音步中的首字是同一个字，而音步尾字词性相同，意义相反或相对，也就是由同一成分和一组反义成分交错对举而构成。如"彻头彻尾"，其中两个音步的首字都是"彻"，它同音步尾字"头""尾"这组同义成分交错搭配形成了该成语。类似的成语有：

知己知彼　半信半疑　能屈能伸　患得患失
△　△　　△　△　　△　△　　△　△

自生自灭　善始善终　若即若离　半推半就
△　△　　△　△　　△　△　　△　△

（4）两个音步中的首字都是数词，而音步尾字词性相同，意义相反或相对，也就是由两个不表示实在数目的数词和一组反义、对义成分交错对举而构成。如"九死一生"，其中两个音步的首字"九"和"一"是两个不表示实际数量的数词，音步尾字"死"和"生"都是动词，且意义相反，它们交错搭配构成了这个成语。类似的成语还有：

七上八下　三长两短　一张一弛　一曝十寒
△　△　　△　△　　△　△　　△　△

一来二去　一朝一夕　七手八脚　一手一足
△　△　　△　△　　△　△　　△　△

上面所提到的联合成语，无论是同义并列的正对，还是反义并列的反对，其本身都是一个对立统一的结合体。从外在形式看，联合结构成语的前后两部分骈偶对称、均衡整齐；从内容表义看,其前后两部分要么同义重复,要么反义对举,概括凝练,语义强化。这种形式对称、内容并举的成语结构方式,具有鲜明的民族特色,反映了汉民族重均衡、求和谐的传统心理和审美情趣。

二、非联合式成语的语义结构

非联合式成语是指主谓、偏正、动宾、中补、兼语等类型的成语,它们前后两部分的意义不是相同、相类或相反,而是呈现出两两相应。所谓两两相应,就是指前两个字和后两个字之间有相承应的关联,或述说,或支配,或修饰,或补充。这类成语由于前后部分意义相应,所以出现同义、类义、反义对举的情况相对较少,具体类型如下。

（一）同义反义对举

（1）成语第一个音步的两个字是一组同义、类义成分,后一个音步的两个字是一组反义成分,两相结合构成成语。如：

颠倒黑白　混淆是非　权衡轻重
· ·△△　　· ·△△　　· ·△△

（2）成语第一个音步的两个字是一组反义成分,第二个音步的两个字是一组同义、类义成分,两相结合而为成语。如：

鱼龙混杂　悲喜交集　黑白分明
△△· ·　　△△· ·　　△△· ·

（二）反义连用

（1）成语第一个音步的两个字是一组反义词,与第二个音步的其他成分组合构成成语。如"软硬兼施",其中第一个音步的

"软"和"硬"是对反义词，充当了主语，第二个音步的"兼施"作谓语对其进行陈述说明。类似的成语有：

喜怒无常　始终如一　左右逢源　良莠不齐
△△　　　△△　　　△△　　　△△

休戚与共　真伪难辨　教学相长　瑕瑜互见
△△　　　△△　　　△△　　　△△

（2）成语第二个音步的两个字是一组反义词，第一个音步的则为其他成分，二者结合形成成语。如：

举足轻重　别有天地　不分轩轾
　　△△　　　△△　　　△△

世态炎凉　只争朝夕　决一雌雄
　　△△　　　△△　　　△△

（3）成语第一、第三音节的两个字为一组反义词，与第二、第四音节的其他成分组合构成成语。如：

今非昔比　古为今用　洋为中用
△　△　　△　△　　△　△

（4）成语第二、第四音节的两个字为一组反义词，与第一、第三音节的其他成分组合构成成语。如：

以柔克刚　反客为主　以屈求伸
　△　△　　△　△　　△　△

以强凌弱　因小见大　以德报怨
　△　△　　△　△　　△　△

（5）成语第一、第四音节的两个字为一组反义词，与第二、第三音节的其他成分组合构成成语。如：

公而忘私　夜以继日　华而不实
　△　　△　　△　　△　　△

寡不敌众　得不偿失　死里逃生
△　　△　△　　△　△　　△

　　通过上面的分析，我们发现成语中存在大量同义、类义、反义对举的现象，这反映了成语在语义结构上具有平行对称的特点。联合式成语中同义、反义成分的运用使得四字格成语内部的一、三字或者二、四字，或者一、三字连同二、四字词性相同，词义相同或相对，从而体现了语义分布上的平行之美。前文曾说过四字格成语在语音节奏上一般分为"2＋2"两音步。以此为据，我们可以把成语语义结构的对称概括为以下三类：第一，音步间的对称。设想两音步之间即四字格的中心有一对称轴，若沿轴将两部分折叠，则二者完全重合。联合式成语就属于这种对称类型。第二，音步内的对称。不仅在音步间可以有对称轴，音步内也可以有对称轴，即在四字格的一、二两字中间或三、四两字中间。四字格成语前后音步内的两字词性相同，语义相同或相对，傍轴左右对称。含有同义、类义、反义成分的非联合成语就属于此种类型。第三，隔音节对称。这种类型不同于音步间的对称，因为它不是两个音步在语义上的完全重合，而是两个音步之中部分成分具有对称关系。上文所说的非联合式成语语义结构中，反义连用的后三种类型就是这种隔音节对称。语义分布上的平行和对称都是以对应位置上的语词词性相同，语义或相辅相成，或相反相成，从相互映衬、补充、矛盾、对立中，以各种方式在不同程度上表现出异中之同、多样统一及整齐和谐。

　　根据上面的论述，我们可将四字格成语从语义关系上分为对称型、部分对称型和非对称型等三类。对称型成语是指四字格成语的前后两部分字数相等,结构相同,意义相同、相类或相反,也就是说在语义方面具有对仗或对偶的关系。联合式成语中存在大量的对称型成语。

部分对称型指的是四字格成语总体不对称,即前后两部分不具备对称关系,但其中某些语素则是对称的,其中包括:有的是同一音步内的两个字为对称关系,如"权衡轻重""黑白分明""左右逢源""世态炎凉"等;有的是不同音步内的两个字为对称关系,如"今非昔比""以强凌弱""华而不实"等。部分对称型成语基本上都是非联合式成语。

非对称型通常是就语义整体性较强的成语而言,指的是这类成语不能分为语义相同、相类、相反的前后两部分,也就是从语法结构来说不是联合式,而是前后两音步之间具有关联性的主谓、动宾、偏正、中补、兼语及其他类型的成语。非联合式成语中绝大多数都是非对称型的。

那么,对称型、部分对称型及非对称型在四字格成语中所占的比例如何呢?刘振前曾对刘万国、侯文富主编的《中华成语辞海》进行过统计[①],他发现四字格成语共有 32335 条,其中对称型的成语有 12703 条,占到总数的 39.29%;部分对称型的有 495 条,占到总数的 1.531%;而非对称型的则为 19137 条,占到总数的 59.18%。这些统计数据表明,在四字格成语中,对称型和部分对称型成语共有 13198 条,占总数的 40.82%,充分反映了四字格成语在语义结构方面呈现了均衡对称的特征。

本章我们对成语的结构进行了分析,发现无论是在基本形式、语法结构还是语义结构方面成语都呈现出一个鲜明的特性,那就是均衡对称。就基本形式而言,"四字格"符合汉语音节上"偶字

---

① 刘振前:《汉语成语的对称特征与认知》,华东师范大学博士学位论文,1998年。

易安"的要求,本身就给人一种匀称平稳之感。就语法结构而言,联合式成语占绝对优势,它自身结构所体现出的均衡对称就可以推而广之成为四字格成语的普遍特点。就语义结构而言,大量同义、类义、反义现象的存在使成语在语义分布上具有了均衡对称的美感。

第四章　成语的语音特征

作为人民群众喜闻乐见的一种语言单位，成语除了在结构方面有均衡对称的特点外，在语音上也有其独具的特征。王力先生在论及汉语的语言形式时指出，汉语的语音具有整齐的美、抑扬的美和回环的美。成语结构整齐均衡，富有节奏感和韵律感，鲜明地反映出汉语的这种语音之美。

整齐的美在成语中首先表现为字数的整齐匀称，也就是继承了《诗经》以来传统的"四字格"的语言形式，绝大多数的成语由四个音节构成。正如前文所统计的，《词典》共收录四字成语共5077条，占总数的93.22%。其次表现为音步的均衡匀称，指的是四字格成语通常是"2+2"的语音节奏，往往不受结构和语义的限制。这种形式的音步整齐匀称，语音延续时间相同，前后音步间存在间歇停顿，形成鲜明的语音节奏，在听觉上给人一种匀称、均衡、和谐、稳定的美感。在第三章第一节"成语的基本形式"中我们从字数方面着手对此进行了讨论，这里不再赘述。

抑扬的美在成语中表现为声调的平仄相间、错落升降，回环的美则表现为双声、叠韵、叠音等关系，借助声韵的复沓，使成语富于音乐性。以下我们从声调和声韵两个方面对成语的抑扬美和回环美进行重点分析。

第一节 成语的声调分析

汉语属于孤立型的声调语言,声调是语音的高低升降的变化,它贯穿于整个音节。汉语的音节有四声,但古代和现代的具体所指却有些不同。古汉语中的四声是指平、上、去、入。关于它们的区别,唐代《元和韵谱》说:"平声哀而安,上声厉而举,去声清而远,入声直而促。"何九盈先生将其解释为:"所谓'哀而安'是出音哀婉而收音平稳,这是一个平调;'厉而举'是出音激厉而收音扬起,这是升调;'清而远'是出音轻清而收音悠远,这是降调;'直而促'是出音直接而收音短促,当有塞音尾。"[1] 明代和尚真空在《玉钥匙歌诀》中指出:"平声平道莫低昂,上声高呼猛烈强,去声分明哀远道,入声短促急收藏。"张成孙《说文谐声谱》中说:"平声长言,上声短言,去声重言,入声急言。"段玉裁《与江有诰书》云:"平稍扬之则为上,入稍重之则为去。"这些描述说明古人在论及四声时涉及了语音的长短、轻重、强弱、缓急等多种现象。

现代汉语中的四声则是指:阴平、阳平、上声和去声。这是对现代汉语声调进行研究,根据调值归纳出的不同的调类。当然,任何一种语言现象的发展和变化都有其历史必然性和内在的依据,

---

[1] 何九盈:《中国古代语言学史》,商务印书馆2013年版。

语音自然也不例外。语音是语言中相对比较稳定的因素，其变化往往是渐进的，而非突变。现代汉语之所以沿用古汉语调类的名称，说明现代汉语的声调就是由古汉语声调一脉相承而来的，它们具有历史的同源性和延续性。具体而言，中古的平上去入演变为现代的阴阳上去，其规律是：古代平声分化为现代的阴平和阳平，分别是中古平声清声母演变为现代汉语的阴平，中古平声浊声母演变为现代汉语的阳平；古代上声转化为现代上声和去声，分别为中古上声清声母及次浊声母演变为现代汉语的上声，中古上声全浊声母演变为现代汉语的去声；古代去声发展为现代去声，也就是中古的去声无论声母是清是浊，在现代汉语中依然是去声；古代入声分派到现代四声之中，分别是中古入声中全浊声母变为阳平，次浊声母变为去声，而清声母则分派到阴阳上去四声之中。

讨论汉语的声调就不得不提到平仄。所谓平仄，是古代文人在诗歌韵文创作过程中对"平、上、去、入"四种声调的重新划分合并。古人把平声的字叫作"平"，而将上、去、入三声的字归为一类，名之曰"仄"。自从齐梁间沈约等人发现了汉语中固有的四声现象并将它自觉运用到诗文创作中以后，历代文人都十分讲究诗文词曲中声调的配合艺术，他们按照一定的规律将平、仄的字加以错综对应的安排，用以构成诗文音律上的美感。

一、四字格成语平仄搭配的中古音统计

这里我们通过对《词典》中4954条四字格成语平仄搭配的统计来看看成语在声调方面的特征。成语中四个字的平仄安排可以有以下16种形式：

(1) 平平平平：无稽之谈　徒劳无功　鸣金收兵　殊途同归
　　　　　　　姗姗来迟　人之常情　微乎其微　逃之夭夭

愚公移山　吹毛求疵

(2) 平仄平平：风雨飘摇　缘木求鱼　空穴来风　千里迢迢
　　　　　　　无动于衷　从善如流　功败垂成　多事之秋
　　　　　　　名落孙山　高枕无忧

(3) 平平仄平：唇亡齿寒　投鞭断流　开门见山　临渊羡鱼
　　　　　　　亡羊补牢　披沙拣金　雷霆万钧　踟蹰不前
　　　　　　　安如泰山　洋洋大观

(4) 平平平仄：秋毫之末　弹冠相庆　迷途知返　饥寒交迫
　　　　　　　游山玩水　流言蜚语　无拘无束　含辛茹苦
　　　　　　　前车之鉴　刚柔相济

(5) 仄平平平：杞人忧天　辅车相依　业精于勤　改弦更张
　　　　　　　怨天尤人　救亡图存　不经之谈　首当其冲
　　　　　　　饱经风霜　借尸还魂

(6) 平平仄仄：弥天大罪　人心向背　蝇头小利　安之若素
　　　　　　　流芳百世　招摇过市　全神贯注　锋芒毕露
　　　　　　　居心叵测　醍醐灌顶

(7) 仄仄平平：侃侃而谈　未老先衰　栩栩如生　顺水推舟
　　　　　　　卷土重来　照本宣科　与虎谋皮　漫不经心
　　　　　　　异口同声　锦上添花

(8) 平仄仄平：仪态万方　因地制宜　如愿以偿　游刃有余
　　　　　　　聊以解嘲　充耳不闻　呆若木鸡　鱼目混珠
　　　　　　　无地自容　狐假虎威

(9) 平仄平仄：无与伦比　骑虎难下　空洞无物　惟妙惟肖
　　　　　　　兴利除弊　形影相吊　门可罗雀　精卫填海
　　　　　　　兵贵神速　完璧归赵

(10) 仄平仄平：语焉不详　画龙点睛　假公济私　闭门造车

　　　　　　　　取而代之　混淆是非　步人后尘　匪夷所思
　　　　　　　　趾高气扬　倒行逆施
(11) 仄平平仄：犬牙交错　自惭形秽　臭名昭著　阮囊羞涩
　　　　　　　　落花流水　汗牛充栋　刻舟求剑　望文生义
　　　　　　　　正襟危坐　闭门思过
(12) 仄仄仄平：海市蜃楼　兴味索然　马首是瞻　细大不捐
　　　　　　　　狗尾续貂　四面楚歌　大器晚成　故态复萌
　　　　　　　　众口铄金　敝帚自珍
(13) 仄平仄仄：夙兴夜寐　寡廉鲜耻　栉风沐雨　耳闻目睹
　　　　　　　　负荆请罪　掩人耳目　手无寸铁　不知所措
　　　　　　　　礼贤下士　揠苗助长
(14) 仄仄平仄：脍炙人口　事倍功半　面面相觑　故伎重演
　　　　　　　　有气无力　暴殄天物　巧立名目　不计其数
　　　　　　　　涉笔成趣　死不瞑目
(15) 平仄仄仄：监守自盗　全力以赴　围魏救赵　无理取闹
　　　　　　　　刚愎自用　谈虎色变　无孔不入　将计就计
　　　　　　　　玩物丧志　哗众取宠
(16) 仄仄仄仄：作茧自缚　炙手可热　近在咫尺　爱不释手
　　　　　　　　过目不忘　矫枉过正　始作俑者　蜀犬吠日
　　　　　　　　每况愈下　本末倒置

　　因为平仄是一个相对于古音而言的概念，所以在统计过程中，我们首先以中古的语音为标准。由于受到前后音节声调的同化和异化作用，成语在实际运用中常有连读变调的现象。可以推论，中古语音中也存在变调问题，但是因为当时研究手段的局限，可能对这种现象还没有充分的认识，所以在现存文献中还没有相关方面的论述。为了统计方便，这里一律读如本字。

按照中古音统计,上面16种平仄类型各自所占有的成语条数和比例见表5。

表 5 成语平仄类型分布统计(中古音)

形式	数量	比例(%)	形式	数量	比例(%)
平平平平	54	1.09	仄仄仄仄	373	7.53
平仄平平	233	4.70	仄平仄仄	561	11.32
平平仄平	115	2.32	仄仄平仄	259	5.23
平平平仄	237	4.78	仄仄仄平	334	6.74
平平仄仄	961	19.40	仄仄平平	709	14.31
平仄仄平	202	4.08	仄平平仄	307	6.20
平仄平仄	146	2.95	仄平仄平	136	2.74
平仄仄仄	247	5.00	仄平平平	80	1.61

数量合计:4954;比例(%):100

从表5的统计数据可以看出,平仄搭配的16种形式所占有的成语条数并不是平均分布的,而是存在明显的差异。具体来说有下列几点。

(1)"平平仄仄"形式的成语数量最多,共有961条,占了总数的19.40%。"仄仄平平"成语的数量第二多,有709条,占了总数的14.31%。按16种形式出现的概率来说,在4954条成语中每种形式的数量应该占总数的1/16,即309条左右,而两种形式数量之和则占总数的1/8,即618条。但"平平仄仄"和"仄仄平平"这两种形式共有成语1670条,占总数的33.71%,即1/3,比平均值的2倍还多。

"平平平平"的成语数量最少,只有54条,仅占总数的1.09%,是平均值的1/6。次少的是"仄平平平"的成语,共有80条,占总数的1.61%。"平平仄平"的成语数量是第三少,有115

条，占总数的 2.32%。"仄仄仄仄"型成语有 373 条，略多于平均值。"平平平平"和"仄仄仄仄"这两种形式共有成语 427 条，占总数的 8.62%，比平均值的 1/2 略多。

（2）根据成语中第二、第四字的平仄，可将上述 16 种形式归纳为四种类型，即：

平仄型：包括"平平平仄""平平仄仄""仄平平仄""仄平仄仄"四种形式。共有成语 2066 条，占总数的 41.7%。

仄平型：包括"平仄平平""平仄仄平""仄仄仄平""仄仄平平"四种形式。共有成语 1478 条，占总数的 29.83%。

平平型：包括"平平平平""平平仄平""仄平平平""仄平仄平"四种形式。共有成语 385 条，占总数的 7.77%。

仄仄型：包括"仄仄仄仄""仄仄平仄""平仄平仄""平仄仄仄"四种形式。共有成语 1025 条，占总数的 20.69%。

平仄型＋仄平型有成语 3544 条，占总数的 71.54%。

平平型＋仄仄型有成语 1410 条，占总数的 28.46%。

（3）根据成语中第一、第三字的平仄，可将上述 16 种形式归纳为四种类型，即：

平仄型：包括"平平仄平""平平仄仄""平仄仄平""平仄仄仄"四种形式。共有成语 1525 条，占总数的 30.78%。

仄平型：包括"仄仄平平""仄平平仄""仄仄平仄""仄平平平"四种形式。共有成语 1355 条，占总数的 27.35%。

平平型：包括"平平平平""平仄平平""平平平仄""平仄平仄"四种形式。共有成语 670 条，占总数的 13.25%。

仄仄型：包括"仄仄仄仄""仄平仄仄""仄仄仄平""仄平仄平"四种形式。共有成语 1404 条，占总数的 28.34%。

平仄型＋仄平型有成语 2880 条，占总数的 58.13%。

平平型＋仄仄型有成语2074条，占总数的41.87%。

同时，根据四字格成语的声调类型，这16种平仄搭配形式又可分为五大类。分别是：

第一类：对立型。所谓对立型指的是这类成语的前后两个音步内，其声调类型是相同的，或同为平声，或同为仄声，而两个音步间其声调则完全对立。对立型成语包括平平仄仄和仄仄平平两种形式。属于对立型的成语共有1670条。

第二类：往复型。所谓往复型指的是该类成语两个音步内的两个音节是平仄相间的，或为平仄，或为仄平。往复型成语包括平仄平仄和仄平仄平两种形式。属于往复型的成语共有282条。

第三类：回环型。所谓回环型指的是此类成语两个音步内是平仄相间的，或为平仄，或为仄平，而两个音步间，前一音步的步尾字和后一音步的步首字平仄相同。回环型成语包括仄平平仄和平仄仄平两种形式。属于回环型的成语共有509条。

以上的对立型、往复型、回环型三类成语我们将其称为完全和谐型，属于成语平仄律的基本类型，共有成语2461条，占到总数的49.68%。

第四类：变式型。所谓变式型就是指该类成语的平仄搭配虽不够整齐均衡，但是仍然具有变化，有一定的和谐性，也可看作前面六种形式的一些变式，是更富于变化的类型，因此也是合乎平仄律的。其中包括平平平仄、平平仄平、平仄平平、平仄仄仄、仄仄仄平、仄仄平仄、仄平仄仄和仄平平平八种。相对于上述对立型、往复型、回环型的完全和谐，我们将这类变式型称为不完全和谐式。属于变式型的成语共有2066条。

第五类：特殊型。所谓的特殊型指的是此类成语没有平仄的变化，或为四声俱平，或为四声俱仄，不合乎成语的平仄律，其中包括平平平平和仄仄仄仄两种形式。虽然特殊型成语在平仄上没有变化，但实际上其声调还是存在一定变化的，如仄仄仄仄的成语，内部还有上、去、入三种声调的错落搭配。属于特殊型的成语共有 427 条。

二、四字格成语平仄搭配的现代音统计

为了较全面地反映情况，我们按现代汉语的语音对 4954 条四字格成语的平仄搭配又进行了一次统计。因为中古有部分入声字在现代归为平声，所以有些成语的平仄类型古今有所不同。如"相煎太急"按中古的读音为"平平仄仄"，"急"为入声字，在现代汉语中则变为了阳平，成了"平平仄平"。"疾恶如仇"按中古音为"仄仄平平"，"疾"为入声，按现代汉语则是"平仄平平"。"薄物细故"按中古音为"仄仄仄仄"，"薄"为入声，在现代汉语中则是"平仄仄仄"。类似的情况还有不少。

关于变调问题，说明如下：我们知道，在现代汉语中声调同语音链上的元音和辅音一样，在连续的语流中会受到前后声调的影响而发生变化。有些情况下，这种声调的变化很大，会直接改变声调的类型。变调的情况比较复杂，往往受声调出现的语境及其组合形式的制约。这里所统计的对象均为四字格成语，其语音形式绝大多数为 2+2 音步的节奏类型，所以我们考虑的是二字组的连读变调。首先是两个上声相连，那么前一个上声的调值就会由 214 变成 35，也就是调类由上声变为阳平，相应地由仄仄变为了平仄。其次是"一"的变调，出现在去声前的"一"全部由 55 变为 35，就是由阴平变为阳平。虽然调类发生了变化，但就平仄而言仍然是平声，所以在统计时不考虑。出现在阴平、阳平和上声前面的"一"则由 55 变为了 51，阴平变作去声，平声变成了仄

声。最后是"不"的变调，出现在去声前的"不"一律由 51 去声变为 35 阳平，仄声变为了平声，平仄类型发生了变化。

前面已提到四字格成语的平仄搭配有 16 种形式，现根据现代汉语的读音具体举例如下。这里要说明的是，下面所举例的成语其中古音的平仄格式和现代音的平仄格式各不相同，加着重号的字在中古为入声，演变到现代汉语中则成了阴平或阳平，平仄类型发生了变化。具体为：

(1) 平平平平：卑躬屈膝　节衣缩食　什袭而藏　同流合污
　　　　　　　飞黄腾达
(2) 平仄平平：七嘴八舌　艰苦卓绝　慷慨激昂　惜墨如金
　　　　　　　鹦鹉学舌
(3) 平平仄平：曲突徙薪　高屋建瓴　知白守黑　直情径行
　　　　　　　东窗事发
(4) 平平平仄：邯郸学步　倾巢出动　官逼民反　朝发夕至
　　　　　　　得天独厚
(5) 仄平平平：守经达权　瓮中捉鳖　耳熟能详　酒食征逐
　　　　　　　水滴石穿
(6) 平平仄仄：削足适履　杀敌致果　发凡起例　铢积寸累
　　　　　　　休戚与共
(7) 仄仄平平：克尽厥职　愤世嫉俗　弹尽粮绝　远见卓识
　　　　　　　做小伏低
(8) 平仄仄平：白手起家　别具匠心　敷衍塞责　重蹈覆辙
　　　　　　　拍案叫绝
(9) 平仄平仄：出类拔萃　临渴掘井　因小失大　辙乱旗靡
　　　　　　　聊以卒岁
(10) 仄平仄平：否极泰来　细枝末节　讳疾忌医　错综复杂

　　　　　　　　　　大张挞伐
(11) 仄平平仄：自得其乐　宁缺毋滥　动辄得咎　布帛菽粟
　　　　　　　　　　捕风捉影
(12) 仄仄仄平：罪大恶极　若有所失　管见所及　唾手可得
　　　　　　　　　　破绽百出
(13) 仄平平仄：固执己见　再接再厉　理直气壮　日积月累
　　　　　　　　　　气急败坏
(14) 仄仄平仄：老骥伏枥　厚此薄彼　兔起鹘落　顾此失彼
　　　　　　　　　　大打出手
(15) 平仄仄仄：手疾眼快　截趾适履　拨乱反正　薄物细故
　　　　　　　　　　学以致用
(16) 仄仄仄仄：本末倒置　束手待毙　破口大骂　坐以待旦
　　　　　　　　　　就事论事

按照现代汉语语音统计，16种平仄类型各自所占有的成语条数和比例见表6。

表6　成语平仄类型分布统计（现代语音）

形式	数量	比例(%)	形式	数量	比例(%)
平平平平	173	3.49	仄仄仄仄	174	3.50
平仄平平	411	8.30	仄平仄仄	353	7.13
平平仄平	257	5.19	仄仄平仄	169	3.41
平平平仄	408	8.24	仄仄仄平	257	5.19
平平仄仄	837	16.90	仄仄平平	589	11.89
平仄仄平	223	4.50	仄平平仄	337	6.80
平仄平仄	187	3.76	仄平仄平	183	3.70
平仄仄仄	192	3.88	仄平平平	204	4.12
数量合计：4954；比例(%)：100					

通过表6的统计数据，我们发现：

(1) 根据现代语音，"平平仄仄"形式的成语数量仍然是最多的，共有837条，占了总数的16.9%。但相较于中古音的19.40%来说，数量还是有明显的下降。"仄仄平平"的成语也依然居于第二的位置，共589条，占到总数的11.89%，也是明显少于中古音的14.31%。"平平仄仄"和"仄仄平平"两种形式的成语共有1426条，占总数的28.78%，将近1/3。

"仄仄平仄""平平平平""仄仄仄仄"这三种类型的成语数量基本相同，分别为169条、173条和174条，各占到总数的3.4%多，也是16种类型中数量最少的，比平均值309条的1/2略多。"平平平平"和"仄仄仄仄"这两种形式共有成语347条，占总数的7%，比平均值的1/2略多。

可以看出，相较于中古音而言，"平平平平"和"仄平平平"的数量增加幅度较大。"平平平平"由中古的54条变为现代的173条，"仄平平平"由中古的80条变为现代的204条，增加了两倍左右。而"仄仄仄仄""仄平仄仄"和"仄仄平仄"三种类型的成语数量较中古音而言有大幅度的减少。"仄仄仄仄"由373条减少为了174条，"仄平仄仄"由561条变为353条，"仄仄平仄"则从259条减少到数量最少的169条。

(2) 根据现代语音中成语第二、第四字的平仄，同样可将上述16种形式归纳为四种类型，即：

平仄型：包括"平平平仄""平平仄仄""仄平仄仄""仄平仄仄"四种形式。共有成语1935条，占总数的39.06%。这和中古音的2066条相比差别不大。

仄平型：包括"平仄平平""平仄仄平""仄仄仄平""仄仄平平"四种形式。共有成语1480条，占总数的29.87%。它同中古音的 1478 条基本持平。

平平型：包括"平平平平""平平仄平""仄平仄平""仄平平平"四种形式。共有成语 817 条，占总数的 16.49%。中古音该类型的成语只有 385 条，现代较于中古，增加了一倍还多。

仄仄型：包括"仄仄仄仄""仄仄平仄""平仄平仄""平仄仄仄"四种形式。共有成语 722 条，占总数的 14.57%。相较于中古音的 1025 条，减少的数量较为明显。

平仄型＋仄平型有成语 3415 条，占总数的 68.93%，和中古音的 3544 相比，少了 129 条，变化不大。

平平型＋仄仄型有成语 1539 条，占总数的 31.07%，和中古音的 1410 相比，多了 129 条，变化不大。

(3) 根据现代语音中成语第一、第三字的平仄，同样可将上述 16 种形式归纳为四种类型，即：

平仄型：包括"平平仄平""平平仄仄""平仄仄平""平仄仄仄"四种形式。共有成语 1509 条，占总数的 30.46%。相较于中古音的 1525 条变化不大。

仄平型：包括"仄仄平仄""仄平平仄""仄仄平平""仄平平平"四种形式。共有成语 1299 条，占总数的 26.22%。该类型中古音有 1355 条，现代音较之少了 56 条。

平平型：包括"平平平平""平仄平仄""平平平仄""平仄平平"四种形式。共有成语 1179 条，占总数的 23.8%。中古音中平平型的成语有 670 条，现代音较中古音而言增加了将近一倍。

仄仄型：包括"仄仄仄仄""仄平仄仄""仄仄仄平""仄平仄平"四种形式。共有成语 967 条，占总数的 19.52%。与中古音的 1404 条相比数量减少得较为明显。

平仄型＋仄平型有成语 2808 条，占总数的 56.68%。

平平型＋仄仄型有成语2146条，占总数的43.32%。这两大类型的成语比中古音的2880条多了72条。总体而言，变化不大。

通过上面从中古音和现代音两方面对四字格成语平仄格式的分析，我们发现：

(1) "平平仄仄"和"仄仄平平"两种形式在四字格成语中占绝对优势，而"平平平平"这种形式所占有的成语数量则最少。这说明诗文中的"平仄律"在四字格成语中也有所体现。古人作文，讲究"宫羽相变，低昂舛节，若前有浮声，则后须切响。一简之内，音韵尽殊，两句之中，轻重悉异，妙达此旨，始可言文"①，也就是说在诗歌韵文中平仄要交替使用。如律诗对平仄的使用就有严格的规定，即一句之内平仄相间，一联之间平仄相对。反映在成语中则是平仄的交错出现，"平平仄仄"和"仄仄平平"两种形式可以说是对此要求最完美的体现。上文曾经指出，成语中的四个字可以分成"2＋2"两个音步，这两种形式的成语其同一音步的声调类型相同，或同为平声，或同为仄声，前后两个音步的声调完全对立。它们在音步之内平仄相同，音步之间平仄相对，构成了声调方面的完全对称，从而在节奏上形成鲜明的抑扬升降，显示出语音高低流变中的错落对称之美。而四字叠平的搭配其音高的单调平板，缺乏升降变化，使它成为经常避免使用的一种形式。与之相对的四字叠仄就平仄而言虽俱为仄声，但仄声包括上、去、入三种声调，四字叠仄的成语其内部就可以构成上、去、入三者的对立变化，所以这种形式的成语数量远远多于四字叠平形式的成语。这种现象也是四字格成语在声调上具有对称变化特点的有力证明。

(2) 四字格成语中第二、四字属于对立型，即平仄和仄平的

---

① 沈约：《宋书》，中华书局1974年版，第1779页。

占绝大多数，而属于相同型，即平平和仄仄的则为少数。根据吴洁敏（1992）提到的汉语基本节奏层中的轻重律，音步中的第一个音节较轻，第二个较重，强拍一般落在第二个音节上。对立型的四字格成语，音步内平仄或相同，或相对，音步间第一、三字平仄不论，第二、四字，即节奏点所在的字平仄相对，从而构成了声调上的部分对称。这种对称的形式符合人们对声调节奏美的追求和选择，成为四字格成语中的强势类型。通过比较，我们发现其中平仄型的成语数量要远远大于仄平型的成语，正如崔希亮（1993）指出的"存在着一种平起仄收的趋势"。相同型成语节奏点上的字或为平平，或为仄仄，缺少变化，导致了其所占数量之少。

（3）四字格成语中第一、三字属于对立型，即平仄和仄平的略占优势，属于相同型，即平平和仄仄的则相对较少。正如律诗所讲究的"一三五不论，二四六分明"一样，四字格成语中对一三字平仄的要求相对于二四字来说要宽松得多。这说明人们虽然追求声调上的错落对称，但更多是对节奏点而言，对非节奏点的一三字所构成的声调上的部分对称的要求则相对较弱。

无论是声调的完全对称，如"平平仄仄"和"仄仄平平"这两种形式在成语中占绝对优势，还是声调的部分对称，如第二、四字，一、三字的对立型占成语的绝大多数，都说明平仄对称是人们对四字格成语节奏的一种追求，这也导致了成语在语音方面具有错落对称的特点。

上文提到四字格成语中存在着一种平起仄收的趋势，这种趋势在并列式成语中表现得尤为明显。周祖谟先生说："在汉语里还有很多由两部分组成的四字成语，以第二字是平声字、第四字是仄声字的居多。"[①] 张文轩先生（1991）曾对并列式成语的四声序列

---

① 周祖谟：《汉语骈列的词语和四声》，《北京大学学报》1985年第3期。

进行研究，他指出四字格成语中无论是一、三字，还是二、四字，其四声序列符合"平上去入"顺序的占绝对优势。这说明并列式成语在声调上不仅具有平仄对称的特点，而且其四声序列还常常体现出"顺序列"，即符合"平上去入"顺序的搭配。我们在论述结构特征时曾指出，并列式成语是按并列关系组成的成语，其前后两部分没有先后、主次之分，两个部分的整体意义基本一样，实际上是一种重复性的强调。也就是说从语法和语义的角度来说，并列式成语的前后两部分是可以互换、前后颠倒的，但实际的情况却并非如此，这不得不归因于声调的平仄规律对成语结构的影响。

第二节 成语中双声、叠韵、叠音等的分析

汉语的每一个音节，都是声、韵、调的结合体，声指声母，韵指韵母，调就是声调。分析完成语声调方面的规律，现在我们来看看它在声韵上的特点。

成语中的节奏形式除了平仄律，还有声韵律。相同的音素规律性地出现在语音链上，亦即声音或声韵复沓，使语音链回环照应，互相衬托，增强了语音的乐感。概而言之，声音或声韵的复沓包括双声、叠韵、押韵和叠音四种形式。具体表现为音步与音步之间的双声、叠韵、押韵或叠音的组合上，即在四个音节的排列上，以声母、韵母或音节的异同对立相间回环往复，形成基本的节奏单元。郭绍虞先生说："普通成语之音节，大部分是平仄的关系，而亦往往兼有双声叠韵的关系。"由于古今语音发生了变

化，古代的双声词和叠韵词发展到今天，并不一定还是双声和叠韵了。如"佶屈聱牙"中的"佶屈"在中古都是群母字，属于双声。而在现代，"佶"的声母为"j"，"屈"的声母为"q"，二者完全不同了。"虚与委蛇"中的"委蛇"在中古都是平声支韵字，属于叠韵。而在今天则读为"wei yi"，也不相同了。因此，为了论述的方便，这里我们以现代语音为准对成语中的双声、叠韵、叠音等分别进行讨论。

一、双声

所谓"双声"，是指两个字的声母相同。从严格意义上来讲，指一个双音节词中或者相连的两音节中声母相同，如"澎湃""玲珑"等。在四字格成语中，笔者认为无论是一个音步之内，还是前后两个音步之间，只要存在声母相同的字，即可认为是双声。也就是说四字格成语中不仅仅同一音步内两个字的声母相同构成双声，而且只要两个音步的首字声母相同，或者是音步尾字声母相同，甚至是前一音步的首字和后一音步的尾字，或者前一音步的尾字和后一音步的首字声母相同，都具有相同或类似的效果，也应该算是双声。因为只要间隔距离不是太远，凡是声母重复都有一种和谐的效果，并没有严格的位置限制。而四字格成语共有四个音节，即使间隔最远的第一和第四个音节，也不过只有两个音节之距。具体而言，四字格成语中的双声有以下几种类型。

（1）两个音步分别都是双声。例如：

群轻折轴（q—q—zh—zh）　众志成城（zh—zh—ch—ch）
光怪陆离（g—g—l—l）　　琳琅满目（l—l—m—m）
玲珑剔透（l—l——t—t）　　胆大心细（d—d—x—x）

(2) 前一音步的两个音节构成双声。例如：

踌躇满志（ch—ch—△—△）①　水深火热（sh—sh—△—△）
地大物博（d—d—△—△）　　巧取豪夺（q—q—△—△）
正中下怀（zh—zh—△—△）　布帛菽粟（b—b—△—△）
平铺直叙（p—p—△—△）　　目迷五色（m—m—△—△）
苦口婆心（k—k—△—△）

(3) 后一音步的两个音节构成双声。例如：

风流倜傥（△—△—t—t）　　叶落归根（△—△—g—g）
逆来顺受（△—△—sh—sh）　厉兵秣马（△—△—m—m）
白面书生（△—△—sh—sh）　生灵涂炭（△—△—t—t）
万岁千秋（△—△—q—q）　　闻风远扬（△—△—y—y）
人多嘴杂（△—△—z—z）

(4) 前后两个音步的首字，也就是成语的第一、三字构成双声。例如：

河清海晏（h—△—h—△）　　得天独厚（d—△—d—△）
伶牙俐齿（l—△—l—△）　　曾经沧海（c—△—c—△）
文恬武嬉（w—△—w—△）　　作茧自缚（z—△—z—△）
怨天尤人（y—△—y—△）　　反裘负刍（f—△—f—△）
连篇累牍（l—△—l—△）

(5) 前后两个音步的尾字，也就是成语的第二、四字构成双声。例如：

———————

① 声母不同者，用△表示，下面的韵母亦同。

按部就班（△—b—△—b）　忍俊不禁（△—j—△—j）
悲欢离合（△—h—△—h）　不相上下（△—x—△—x）
楚囚对泣（△—q—△—q）　字斟句酌（△—zh—△—zh）
纵横捭阖（△—h—△—h）　理直气壮（△—zh—△—zh）
胡言乱语（△—y—△—y）

（6）前一音步的首字和后一音步的尾字，也就是第一、四字构成双声。例如：

顶天立地（d—△—△—d）　奉公守法（f—△—△—f）
山盟海誓（sh—△—△—sh）　礼尚往来（l—△—△—l）
鬼斧神工（g—△—△—g）　江郎才尽（j—△—△—j）
黔驴技穷（q—△—△—q）　贫病交迫（p—△—△—p）
名列前茅（m—△—△—m）

（7）前一音步的尾字和后一音步的首字，也就是第二、三字构成双声。例如：

远交近攻（△—j—j—△）　龙飞凤舞（△—f—f—△）
瓮中捉鳖（△—zh—zh—△）　立此存照（△—c—c—△）
摩肩接踵（△—j—j—△）　里应外合（△—y—y—△）
鬼使神差（△—sh—sh—△）　降心相从（△—x—x—△）
镂尘吹影（△—ch—ch—△）

二、叠韵

所谓"叠韵"，有广义和狭义的区分。从广义上讲，叠韵就是指两个汉字的韵部相同，或者两个字的韵母相同或相近。而狭义的叠韵是指双音节词两个音节的韵母和声调都相同。这里我们采用广义的说法，韵母相同或相近，即韵头可以不同，只要韵腹韵尾相同就构成叠韵。而在声调方面正如王国维先生所言："昔人但知双声之不拘四声，不知叠韵亦不拘平、上、去三声。凡字之同母音者，虽平仄有殊，皆叠韵也。"① 关于叠韵字出现的位置，学者也有不同的看法。孙维张、刘振前等人认为同一音步内韵母相同是叠韵，而前后两音步间韵母相同则属于押韵。笔者认为双声和叠韵是一组相对的概念，既然双声可以打破音步的局限，只要声母相同，不同音步间的字也可以构成双声。那么叠韵应该也能不受音步的限制，在四字格成语中，不管是同一音步的一、二字，三、四字，还是不同音步的一、三，二、四，或者一、四，二、三，只要出现了相同的韵就都属于叠韵。因为四字格本身就是一种高度对称的封闭性结构，相同的语音形式重复出现，在一定程度上使其具有了回环照应、韵律和谐、悦耳动听的效果，提高了成语的音乐性，增强了感染力。四字格成语中的叠韵有以下几种类型：

（1）两个音步分别都是叠韵。例如：

欢天喜地（uan—ian—i—i）　　锦心绣口（in—in—iu—ou）
空洞无物（ong—ong—u—u）　　吞云吐雾（un—un—u—u）
道貌岸然（ao—ao—an—an）　　出将入相（u—iang—u—iang）

（2）前一音步的两个音节构成叠韵。例如：

缠绵悱恻（an—ian—△—△）　　辗转反侧（an—uan—△—△）
逍遥法外（iao—iao—△—△）　　装腔作势（uang—iang—△—△）
债台高筑（ai—ai—△—△）　　造谣中伤（ao—iao—△—△）
尽心竭力（in—in—△—△）　　乘风破浪（eng—eng—△—△）

---

① 王国维：《人间词话》，上海古籍出版社1998年版，第34页。

第四章 成语的语音特征 165

(3) 后一音步的两个音节构成叠韵。例如：

大相径庭（△—△—ing—ing）　老态龙钟（△—△—ong—ong）
魑魅魍魉（△—△—uang—iang）扑朔迷离（△—△—i—i）
欢欣鼓舞（△—△—u—u）　继往开来（△—△—ai—ai）
家常便饭（△—△—ian—an）　痴心妄想（△—△—uang—iang）

(4) 前后两个音步的首字，也就是成语的第一、三字构成叠韵。例如：

插科打诨（a—△—a—△）　长歌当哭（ang—△—ang—△）
池鱼之祸（i—△—i—△）　雕虫小技（iao—△—iao—△）
蓬荜生辉（eng—△—eng—△）　沁人心脾（in—△—in—△）
清风明月（ing—△—ing—△）　甚嚣尘上（en—△—en—△）

(5) 前后两个音节的尾字，也就是成语的第二、四字构成叠韵。例如：

走马观花（△—a—△—ua）　披肝沥胆（△—an—△—an）
欺人太甚（△—en—△—en）　孤芳自赏（△—ang—△—ang）
量体裁衣（△—i—△—i）　乐不思蜀（△—u—△—u）
大言不惭（△—ian—△—an）　德隆望重（△—ong—△—ong）

(6) 前一音步的首字和后一音步的尾字，也就是第一、四字构成叠韵。例如：

城下之盟（eng—△—△—eng）　当仁不让（ang—△—△—ang）
深仇大恨（en—△—△—en）　披荆斩棘（i—△—△—i）
少安毋躁（ao—△—△—ao）　贪得无厌（an—△—△—ian）
事不宜迟（i—△—△—i）　数典忘祖（u—△—△—u）

（7）前一音步的尾字和后一音步的首字，也就是第二、三字构成叠韵。例如：

空谷足音（△—u—u—△）　　察言观色（△—ian—uan—△）
豺狼当道（△—ang—ang—△）丑态百出（△—ai—ai—△）
当机立断（△—i—i—△）　　颠扑不破（△—u—u—△）
风卷残云（△—uan—an—△）负荆请罪（△—ing—ing—△）

（8）四个字全部构成叠韵的。例如：

断编残简（uan—ian—an—ian）户枢不蠹（u—u—u—u）
嗤之以鼻（i—i—i—i）　　　千难万险（ian—an—uan—ian）

三、叠音

叠音，就是音节相叠，也称重言或者叠字，是指两个相同的汉字重叠起来用，是整个音节的重复，是口语和书面语中经常应用的一种特殊的修辞手段。我们所统计《词典》的4954条四字格成语中有近百条含有叠音形式。具体可以分为以下几种情况：

（1）前后两个音步都为叠音词的。例如：

熙熙攘攘　唯唯诺诺　鬼鬼祟祟　洋洋洒洒
战战兢兢　口口声声　原原本本　浑浑噩噩
期期艾艾　心心念念　郁郁葱葱　形形色色

（2）前一个音步为叠音词的。例如：

赫赫有名　人人自危　嗷嗷待哺　谦谦君子
窃窃私语　茕茕孑立　滔滔不绝　堂堂之阵
井井有条　比比皆是　斤斤计较　头头是道

(3) 后一个音步为叠音词的。例如：

　　神采奕奕　温情脉脉　千里迢迢　众目睽睽
　　文质彬彬　气息奄奄　逃之夭夭　言之凿凿
　　衣冠楚楚　大名鼎鼎　小心翼翼　不过尔尔

(4) 四字格成语的第一、三位置是一组叠音词的。例如：

　　无声无臭　不亢不卑　见仁见智　风言风语
　　一张一弛　群策群力　我行我素　再接再厉
　　载歌载舞　疑神疑鬼　大风大浪　为鬼为蜮

(5) 四字格成语的第二、四位置是一组叠音词的。例如：

　　听之任之　将计就计　以讹传讹　上德不德
　　以毒攻毒　出尔反尔　买空卖空　知法犯法

含有叠音词的成语，表义功能特别强。它通过音节复叠，凭借繁复的音响来着意渲染，强化语义，起到了绘形、摹声、状物、传情及调节语气、增强音韵等效果。

四、双韵

所谓的双韵就是双声加叠韵，也就是指成语的四个音节中既有声母的重复，又有韵的重复。例如：

　　汹涌澎湃（iong—iong—p—p）　　战天斗地（an—ian—d—d）
　　造谣生事（ao—iao—sh—sh）　　出谷迁乔（u—u—q—q）
　　先难后获（ian—an—h—h）　　逍遥自在（ao—iao—z—z）

通过上面的分析，我们发现在四字格成语中大量地存在着双声、叠韵及叠音的现象。刘振前先生曾对四字格成语中各种声韵的复沓形式进行过统计①，他发现18231条四字格成语中，含有双声的成语有4516条，占到总数的13.97%；含有叠韵的成语有8322条，占总数的25.73%；叠音的成语共有1841条，占到总数的5.69%；含有双韵的成语有2451条，占总数的7.58%。声韵复沓形式在四字格成语中分布之广可见一斑。王国维先生在《人间词话》中说："苟于词之荡漾处多用叠韵，促节处用双声，则其铿锵可诵，必有过于前人者。"② 从语音原理上说，声母的特点是短促，韵母的特点是舒长。有双声、叠韵关系的成语，在基本节奏层中，声音的组合包含相同或相近的语音成分，或促节或荡漾，或兼而有之。刘勰曾说："异音相从谓之和，同声相应谓之韵。"如果一个节奏层由完全相同的因素构成，而没有不同的成分，则不成律；如果完全不同，没有相同的成分，则不成调；只有同与异的规律性的搭配和组合才能构成语言的和谐性。四字格成语中双声、叠韵及叠音的现象体现出成语语音节奏上和谐对称的特点，使得声音回环优美，富于音乐性。

第三节　成语中开合口字的分析

从清人收集整理成语至今，关于成语的研究已经持续了一个世纪的时间，期间所涉及的问题也可以说是方方面面。在语音上就有平仄的搭配、叠音的使用、古音的遗留、音韵的对称等问题

---

① 刘振前：《汉语成语的对称特征与认知》，华东师范大学博士学位论文，1998年。
② 王国维：《人间词话》，上海古籍出版社1998年版，第33页。

被讨论。但是，统观成语语音特点的论述，我们发现，传统音韵学中的一个重要概念——开合，即开口和合口尚未引入成语的研究之中。有鉴于此，笔者试从开合角度对《词典》中的4954条四字格成语的语音系列进行一些统计分析，以期发现一点新的规则。

中古的音韵学家根据韵头和韵腹的不同，把韵母分为"开口"和"合口"两大类。如"大""者""治""难""登""甲"等字被列入开口的韵图中，而"坡""图""水""乱""兄""木"等字被列入合口的韵图中。由于语音的演变，中古的开口、合口近现代发展成开口、齐齿、合口和撮口四呼了。因此，开口、合口是中古音的概念，开、齐、合、撮四呼是近现代语音的特点。后者虽然从前者发展而来，但不能用后者代替前者。我们这次的统计是按中古的语音来进行的。

根据用字的开合，四字格成语可以概括为如下16种形式：

(1) 开开开开：杞人忧天　世态炎凉　炙手可热　捉襟见肘
　　　　　　　严阵以待　添枝加叶　听天由命　旁征博引
　　　　　　　车载斗量　言简意赅

(2) 开合开开：前功尽弃　藕断丝连　寿终正寝　塞翁失马
　　　　　　　覆水难收　安营扎寨　才疏学浅　长驱直入
　　　　　　　言传身教　求全责备

(3) 开开合开：守口如瓶　起死回生　茅塞顿开　狼狈为奸
　　　　　　　察言观色　扑朔迷离　油腔滑调　烟消云散
　　　　　　　三令五申　沉默寡言

(4) 开开开合：游刃有余　走马看花　意在言外　后生可畏
　　　　　　　暴殄天物　星罗棋布　高山流水　寻章摘句
　　　　　　　流离失所　人仰马翻

(5) 合开开开：不毛之地　苦思冥想　忘恩负义　无计可施

　　　　　　　　　　分崩离析　同仇敌忾　穷奢极侈　唇枪舌剑
　　　　　　　　　　归根结底　吹影镂尘

（6）开开合合：心照不宣　走投无路　探囊取物　隔岸观火
　　　　　　　　　　道听途说　轻车熟路　游山玩水　流言蜚语
　　　　　　　　　　含辛茹苦　天衣无缝

（7）合合开开：居功自恃　破釜沉舟　独木难支　风烛残年
　　　　　　　　　　孤芳自赏　摧枯拉朽　歪风邪气　中庸之道
　　　　　　　　　　茕茕孑立　供不应求

（8）开合合开：鸡犬不宁　面如土色　指鹿为马　忍俊不禁
　　　　　　　　　　安土重迁　争权夺利　求同存异　轻重缓急
　　　　　　　　　　纲举目张　尸位素餐

（9）开合开合：见微知著　临渊羡鱼　萧规曹随　心悦诚服
　　　　　　　　　　百发百中　行云流水　平铺直叙　苛捐杂税
　　　　　　　　　　车水马龙　前倨后恭

（10）合开合开：屡见不鲜　完璧归赵　危言耸听　废寝忘食
　　　　　　　　　　回心转意　温柔敦厚　锄强扶弱　风流云散
　　　　　　　　　　功德无量　遗臭万年

（11）合开开合：弄巧成拙　水滴石穿　胸有成竹　悬梁刺股
　　　　　　　　　　锋芒毕露　诛心之论　官逼民反　乌合之众
　　　　　　　　　　挥洒自如　夫唱妇随

（12）合合合开：举目无亲　蜀犬吠日　鱼龙混杂　雪中送炭
　　　　　　　　　　奉为圭臬　光怪陆离　风云突变　防患未然
　　　　　　　　　　文不对题　群龙无首

（13）合开合合：脱胎换骨　曲高和寡　洞若观火　充耳不闻
　　　　　　　　　　狐假虎威　孤陋寡闻　喧宾夺主　回天乏术
　　　　　　　　　　倾巢出动　如意算盘

(14) 开合合合： 千呼万唤　日暮途穷　事与愿违　金科玉律
　　　　　　　 晨钟暮鼓　生龙活虎　将功赎罪　泾渭不分
　　　　　　　 自掘坟墓　手足无措
(15) 合合开合： 故步自封　溃不成军　穷原竟委　水乳交融
　　　　　　　 文过饰非　官官相护　如鱼得水　无所适从
　　　　　　　 玩火自焚　古为今用
(16) 合合合合： 众目睽睽　推本溯源　为所欲为　过目不忘
　　　　　　　 呼风唤雨　专横跋扈　无拘无束　融会贯通
　　　　　　　 中原逐鹿　鱼目混珠

据我们的统计，这16种形式各自所占有的成语条数和比例见表7。

表7　成语开合口字分布统计

形 式	数量	比例（%）	形 式	数量	比例（%）
开开开开	904	18.25	合合合合	93	1.88
开开合开	493	9.95	合合开合	113	2.28
开合开开	460	9.29	合开合合	160	3.23
开开开合	455	9.18	合合合开	166	3.35
开开合合	279	5.64	合合开开	263	5.31
开合开合	242	4.88	合开合开	272	5.49
开合合开	228	4.60	合开开合	222	4.48
开合合合	130	2.62	合开开开	474	9.57
数量合计：4954；比例（%）：100					

从表7的统计可以看出，这16种形式所占有的成语条数并不是平均分布的，而是存在着明显的差异。具体来说，有下列几个特点应当引起重视。

(1)"开开开开"型的成语在数量上占绝对优势。按 16 种形式出现的概率来说,在 4954 条成语中每种形式平均占总数的 1/16,即 309 条左右,但"开开开开"型的成语共有 904 条,占了总数的 18.25%,近乎 1/5,是平均值的 3 倍。

(2)"开开合开""开合开开""开开开合""合开开开"四种形式的成语数目大体相同,具有惊人的相似性。它们出现的条数在 455~493 之间,所占的比例在 9%~10%之间。这四种形式的成语加起来共有 1882 条,占总数的 37.99%。它们的共同特点是四个字中有三个属于开口,只有一个属于合口,而这一合口字出现在第一字位置上,还是出现在第二、第三、第四字位置上,并不影响此类成语的出现频率。

(3)"开开合合""开合开合""开合合开""合合开开""合开开合""合开合开"六种形式的成语数目大体相同。它们出现的条数在 222~279 之间,所占比例在 4.5%~5.5%之间。这六种形式的成语加起来共有 1506 条,占总数的 30.4%。它们的共同特点是四个字中有两个属于开口,有两个属于合口,而且这两个开口字、两个合口字是连续出现,还是间隔出现,各自出现在什么位置上,都不影响此类成语出现的频率。

(4)"开合合合""合合开合""合开合合""合合合开"四种形式的成语数目大体相同。它们出现的条数在 113~166 之间,所占的比例在 2.5%~3.5%之间。这四种形式的成语加起来共有 569 条,占总数的 11.49%。它们的共同特点是四个字中有三个属于合口,只有一个属于开口,而这一开口字出现的位置并不影响此类成语出现的频率。

(5)"合合合合"型的成语数量最少,只有 93 条,占总数的 1.88%,还不到平均值 309 条的 1/3。

通过分析我们发现：①四字格成语的数量和开口字在成语中的字数成正比，和合口字在成语中的字数成反比。开口字越多的成语数量越多，合口字越多的成语数量越少。②根据用字的开合，总体来说四字格成语可以分为 16 种形式，但是从成语中开合口字所占的比例关系可将它们归结为 5 种类型："四开""三开一合""两开两合""一开三合""四合"。③只要四字格成语中开口和合口的字数是一定的，那么开口字和合口字出现的前后次序与成语的数量没有关系。这些特征可以用图 1 表示。

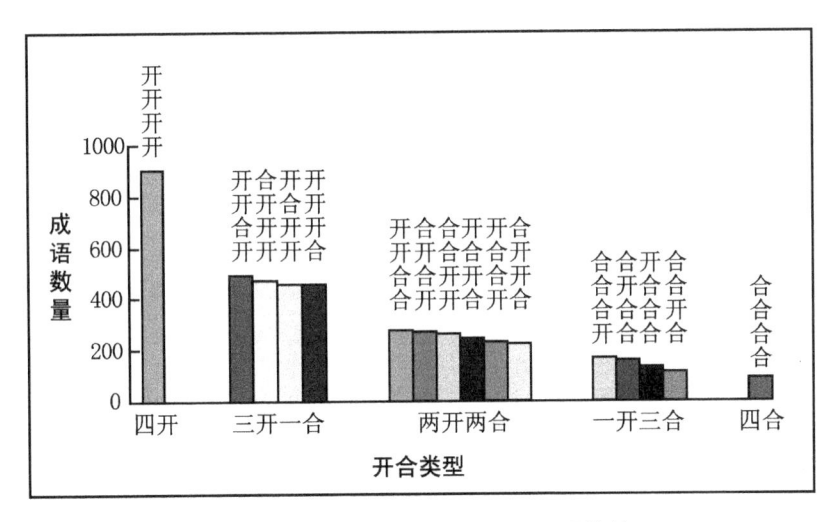

图 1　四字格成语中开合字与成语数量的关系

认识到这些特点，使我们明确了四字格成语中开合口字的出现有明显的规律可循，有利于揭示汉语四字格成语语音序列的形成规则，有利于发现开口、合口这一中古语音特征和汉语四字格成语的数量关系。至于造成如上规则的原因是什么，有待于继续深入研究。

以上我们从声调和声韵两个方面对成语的语音特征进行了分析，发现成语的声调受到平仄律的影响和制约，具体表现有二：

一是，声调无论是的完全对称，还是部分对称，它们在数量上占绝对优势，体现了人们对声调平仄对称的一种追求；二是，在四字格成语中存在一种平起仄收的趋势，尤其是并列式成语的四声序列还常常体现出"顺序列"的搭配。在声韵方面，成语中大量存在的双声、叠韵及叠音的现象反映出人们对和谐对称的声音美的追求，而在开合口字的运用上也表现出明显的规律性。

汉语历史悠久，文献资料汗牛充栋，因而产生了数目庞大、内容丰富的成语。成语不仅是语言的精华、文化的积淀，也是沟通古今汉语的桥梁。对成语的结构进行分析，发现无论是其基本形式，还是语法结构、语义结构都体现出鲜明的均衡对称性。讨论了成语的语音特点，我们认为在成语这个基本节奏层面中，平仄律和声韵律都体现出和谐对称的特点，开合口字的分布也表现出明显的规律性。成语语音上的突出特点仍然是均衡对称性。

成语的均衡对称性是我国人民均衡对称的审美意识在语言上的反映，这种审美意识之所以会成为汉民族情有独钟的观念和追求，是因为汉民族有着自己独特的辩证哲学观点和思维方式。了解和掌握成语的均衡对称性，不仅有利于加深对成语中词义的理解，而且心理学研究表明，凡是对称的东西都易于记忆，所以在成语的学习和运用方面也有着积极的意义。

参考文献

1. 王国维:《观堂集林》卷二,中华书局1959年版。
2. 王国维:《王国维全集·书信》,中华书局1984年版。
3. 王国维:《人间词话》,上海古籍出版社1998年版。
4. 马国凡:《成语》,内蒙古人民出版社1978年版。
5. 马国凡:《汉语的成语》,《内蒙古师院学报》1958年第1期。
6. 马国凡:《四字格结构的模糊性》,《内蒙古师范大学学报》1989年第3期。
7. 马国凡:《成语的定型和规范化》,《中国语文》1958年第10期。
8. 刘洁修:《成语》,商务印书馆1985年版。
9. 刘洁修:《试析"不可"+"××"构成的成语和短语》(上)(下),《语文研究》1987年第3、4期。
10. 刘洁修:《汉语成语考释词典》,商务印书馆1989年版。
11. 倪宝元、姚鹏慈:《成语九章》,浙江教育出版社1990年版。
12. 史式:《汉语成语研究》,四川人民出版社1979年版。
13. 杨天戈:《汉语成语溯源》,外语教学与研究出版社1982年版。
14. 倪宝元:《成语辨析》,中国社会科学出版社1979年版。
15. 张拱贵:《成语辨正》,北京出版社1983年版。
16. 潘维桂:《成语的运用》,中国物资出版社1987年版。

17. 何华连：《成语理论研究与成语辞书编纂质量的关系》，《辞书研究》1994年第6期。

18. 何华连：《汉语成语词典出版综述》，《浙江师范大学学报》1992年第3期。

19. 何华连：《成语辞书出版与成语理论研究概说》，《图书情报知识》1994年第2期。

20. 周祖谟：《谈成语》，《语文学习》1955年第1期。

21. 周祖谟：《汉语词汇讲话》，人民教育出版社1959年版。

22. 何霭人：《汉语的成语》，《语文知识》1957年第7期。

23. 武占坤：《有关"成语"的几个问题》，《河北大学学报》（哲学社会科学版）1962年第2期。

24. 武占坤：《词汇》，上海教育出版社1983年版。

25. 童致和：《成语与歇后语》，《语文知识》1957年第9期。

26. 杨欣安：《成语和谚语的区别》，《中国语文》1961年第11期。

27. 刘叔新：《关于成语惯用语问题的答问录》，《南开语言学刊》2002年第12期。

28. 刘叔新：《固定语及其类别》，《语言研究论丛》（第二辑），天津人民出版社1984年版。

29. 刘叔新：《汉语描写词汇学》，商务印书馆1990年版。

30. 余光中：《成语和格言》，《海南师范大学学报》2004年第4期。

31. 乔永：《成语鉴别与成语词典收词标准的量化定性研究》，《语文研究》2006年第4期。

32. 王吉辉：《语感与成语、惯用语的划分》，《汉语学报》2011年第1期。

33. 王吉辉：《关于成语语源确定中的同一性问题》，《天中学刊》1999年第6期。

34. 王吉辉：《意义的双层性及其在成语、惯用语划分中的具体运用》，《南开学报》1998年第4期。

35. 吴东海：《对汉语成语的再认识》，《云南师范大学学报》2012年第1期。

36. 王光汉、万卉：《成语溯源规范浅议》，《辞书研究》1994年第6期。

37. 陈汝法：《成语引源问题说略》，《辞书研究》1984年第4期。

38. 陈秀兰：《"成语"探源》，《古汉语研究》2003年第1期。

39. 王承惠：《成语的演变与发展》，《宁波大学学报》1997年第10期。

40. 曹瑞芳：《〈论语〉成语研究》，《山西大学学报》1996年第3期。

41. 杨东：《四字格成语的节奏和韵律》，《齐齐哈尔师范学院学报》1980年第2期。

42. 刘钧杰：《成语与平仄》，《中国语文通讯》1983年第6期。

43. 汉丁：《汉语成语中的古音遗迹》，《承德师专学报》1986年第2期。

44. 张文轩：《并列式成语的四声序列》，《兰州大学学报》1991年第1期。

45. 刘振前、邢梅萍：《四字格成语的音韵对称与认知》，《语言教学与研究》2003年第3期。

46. 刘振前、邢梅萍：《汉语四字格成语语义结构的对称性与认知》，《世界汉语教学》2000年第1期。

47. 朱剑芒：《成语的基本形式及其组织规律的特点》，《中国语文》1955年第2期。

48. 姚鹏慈：《试论汉语成语的长度》，《广播电视大学学报》1998年第1期。

49. 姚鹏慈：《汉语成语语义场试探》，《广播电视大学学报》2005年第2期。

50. 姚鹏慈：《漫谈成语的双关》，《修辞学习》1995年第1期。

51. 姚鹏慈：《"成语与文化"札记》，《广播电视大学学报》2000年第4期。

52. 姚鹏慈：《成语研究的新进展》，《语文导报》1985年第7期。

53. 姚鹏慈：《关于成语语感与成语度的思考》，《广播电视大学学报》2002年第2期。

54. 许肇本：《成语知识浅谈》，北京出版社1980年版。

55. 肖娅曼：《谓词性成语与判断句式及主、宾语的关系》，《西南民族学院学报》2002年第10期。

56. 龙青然：《汉语成语结构对称类析》，《邵阳学院学报》2009 年第 1 期。

57. 龙青然：《"OO 之 O"型成语的表义方式与词典释义》，《宁夏大学学报》2003 年第 4 期。

58. 左林霞：《成语语义的发展演变》，《武汉科技大学学报》2004 年第 3 期。

59. 陶文好、施晓盛：《汉语成语中的语义转移》，《宁波大学学报》2005 年第 3 期。

60. 马利军、胡峻豪、张积家：《汉语成语的语义性质及其关系研究》，《语言文字应用》2013 年第 1 期。

61. 杨丽君：《试论"一 X 不 Y"式成语》，《湖北大学学报》2001 年第 6 期。

62. 尹继群、李稳：《试论"千 A 万 B"式成语》，《语言研究》2002 年特刊。

63. 周光庆：《成语中介符号论》，《语言文字应用》1995 年第 1 期。

64. 陈霞村、白云：《关于成语注释》，《山西大学学报》2002 年第 1 期。

65. 陶原珂：《试析汉语四字格成语的类型及其释义方式》，《学术研究》2002 年第 9 期。

66. 莫彭龄：《"四字格"与成语修辞》，《常州工学院学报》2003 年第 3 期。

67. 莫彭龄：《成语比喻的文化透视》，《常州工业技术学院学报》1997 年第 1 期。

68. 莫彭龄：《试论成语的文化研究》，《扬州大学学报》2000 年第 3 期。

69. 莫彭龄：《汉俄成语的文化比较》，《常州工学院学报》2002 年第 1 期。

70. 莫彭龄：《关于成语定义的再探讨》，《常州工业技术学院学报》1999 年第 12 期。

71. 莫彭龄：《汉语成语新论》，《江苏社会科学》2000 年第 6 期。

72. 陈洁、谢世坚：《明喻成语中的双喻体概念整合》，《广西师范大学学报》2012 年第 6 期。

73. 吕杰：《汉语成语的修辞功能》，《现代语文》（语言研究版）2007 年第 1 期。

74. 陈笑兰：《成语修辞研究》，湖北师范学院硕士学位论文，2011 年。

75. 蒲志鸿：《透过汉、法成语中的色彩词看中、法文化差异》，《中山大学学报》1990 年第 4 期。

76. 王金娟：《英汉成语比较分类》，《浙江师范大学学报》1993 年第 5 期。

77. 权正容：《中韩两国成语的比较》，《语文建设》1995 年第 4 期。

78. 刘长征、秦鹏：《基于中国主流报纸动态流通语料库（DGC）的成语使用情况调查》，《语言文字应用》2007 年 8 月。

79. 曾小兵等：《〈中国语言生活状况报告〉中成语与习语的调查与思考》，《中文信息学报》2008 年第 6 期。

80. 周荐：《成语规范问题谈略》，《汉语学习》1998 年第 3 期。

81. 周荐：《论成语的经典性》，《南开学报》1997 年第 2 期。

82. 周荐：《惯用语新论》，《语言教学与研究》1998 年第 1 期。

83. 周荐：《汉语词汇研究史纲》，语文出版社 1995 年版。

84. 周荐：《论四字语和三字语》，《语文研究》1997 年第 4 期。

85. 周荐：《汉语词汇结构论》，上海辞书出版社 2004 年版。

86. 李行健：《成语规范问题》，《辞书研究》2001 年第 2 期。

87. 李索：《广告语中成语的化用和规范》，《语文建设》1998 年第 8 期。

88. 邓瑶：《论汉语异形成语的规范化问题》，《求索》2011 年第 12 期。

89. 左东琳：《语文教学中的成语教学》，辽宁师范大学硕士学位论文，2002 年。

90. 杨晓黎：《由表及里，形具神生——对外汉语成语教学谈论》，《安徽大学学报》1996 年第 1 期。

91. 王美玲：《试论对外汉语教学中的成语教学》，湖南师范大学硕士学位论文，2004 年。

92. 魏庭新：《外国学生学习汉语成语的难点分析及对策》，《云南师范大学学报》2007 年第 2 期。

93. 李果：《少数民族学生汉语成语教学探索》，《语言与翻译》2008 年第 4 期。

94. 阿如娜：《试论蒙古族学生的汉语成语教学》，《内蒙古民族大学学报》2008年第11期。

95. 谢萍、于文：《成语的语用特点与翻译方法》，《青岛大学师范学院学报》2003年第2期。

96. 丁冬梅：《双语词典中汉语四字格成语翻译的研究》，苏州大学硕士学位论文，2008年。

97. 王志娟：《成语翻译中的语义信息和文化差异》，《东南大学学报》2011年第1期。

98. 李大农：《成语与中国文化》，《南开大学学报》1994年第6期。

99. 沈琴、李刚、米海燕：《汉语成语文化研究文献综述》，《常州工学院学报》2011年第3期。

100. 郑晓：《汉语成语与汉民族文化》，《浙江师范大学学报》2002年第3期。

101. 黄希庭、陈伟锋、余华、王卫红：《结构对称性汉语成语的认知研究》，《心理科学》1999年第3期。

102. 陈传锋、黄希庭、余华：《词素的结构对称效应：结构对称汉语成语认知特点的进一步研究》，《心理科学》2000年第3期。

103. 白红爱、郑成虎：《从认知角度谈汉语广告语篇中对固化成语的偏离使用》，《汉语学习》2001年第3期。

104. 钱秀莹、朱军英：《四字成语语境中汉字信号监测的警觉研究》，《心理科学》1998年第1期。

105. 陈燕丽、史瑞萍、田宏杰：《阅读成语时最佳注视位置的实验研究》，《心理科学》2004年第2期。

106. 胡裕树：《现代汉语》，上海教育出版社1995年版。

107. 张永言：《词汇学简论》，华中工学院出版社1982年版。

108. 温端政：《〈通用成语词典〉前言》，《语文研究》2002年第1期。

109. 温端政：《汉语语汇学》，商务印书馆2006年版。

110. 徐耀民：《成语的划界、定型和释义问题》，《中国语文》1997年第1期。

111. 刘琴：《网络流行十大新成语》，《写作》2009 年第 18 期。

112. 邵倩：《网络新成语的语言偏离及其规范》，《太原大学学报》2014 年第 1 期。

113. 周嘉雯：《网络新成语的传播机制》，《青年记者》2014 年第 26 期。

114. 黄伯荣、廖序东：《现代汉语》，高等教育出版社 2007 年版。

115. 马国凡、高歌东：《惯用语》，内蒙古人民出版社 1982 年版。

116. 肖竹声：《四言成语的两项小统计》，《中国语文天地》1987 年第 5 期。

117. 陈长书：《试论现代汉语歇后语的分离性和同一性问题》，《辞书研究》2012 年第 6 期。

118. 武占坤、马国凡：《谚语》，内蒙古人民出版社 1980 年版。

119. 孙治平等：《谚语两千条》，上海文艺出版社 1984 年版。

120. 潘允中：《汉语成语、典故的形成和发展》，《中山大学学报》1980 年第 2 期。

121. 张世禄：《普通话词汇》，上海教育出版社 1985 年版。

122. 向光忠：《成语概说》，湖北人民出版社 1982 年版。

123. 向光忠：《成语造型与衍变的时代特点》，《语文月刊》1989 年第 9 期。

124. 向光忠：《论成语蕴涵的时代因素》，《南开学报》1989 年第 5 期。

125. 卢卓群：《成语研究和成语词典的编纂》，《湖北大学学报》1991 年第 5 期。

126. 卢卓群：《成语的特点及其变式》，《语文建设》1987 年第 3 期。

127. 卢卓群：《汉语成语和中国古代社会的恋爱婚姻家庭问题》，《湖北大学学报》1990 年第 2 期。

128. 卢卓群：《四字格成语的有形裂断及其作用》，《世界汉语教学》1992 年第 4 期。

129. 卢卓群：《十余年来的成语研究》，《语文建设》1993 年第 7 期。

130. 卢卓群：《近古注家和成语的发展》，《湖北大学学报》1995 年第 2 期。

131. 张铁文：《成语的数量及产生年代》，《语文建设》1999 年第 5 期。

132. 姚淦铭：《论王国维的上古成语研究》，《铁道师院学报》1998 年第 5 期。

133. 李波：《〈论语〉成语探析》，《河南社会科学》2009 年第 6 期。

134. 李振中、肖素英：《〈诗经〉成语句法结构定量分析》，《广西师范大学学报》2007 年第 1 期。

135. 马秀恰、刘青琬：《〈庄子〉成语浅析》，《河北大学学报》1998 年第 4 期。

136. 范培培：《〈史记〉成语研究》，《语文学刊》2009 年第 7 期。

137. 秦希贞：《成语来源的历史递减性原因试探》，《潍坊学院学报》2003 年第 1 期。

138. 朱庆之：《佛典与中古汉语词汇研究》，文津出版社 1992 年版。

139. 周锦国、施敏：《〈红楼梦〉成语的文化透视》，《常州工学院学报》2012 年第 6 期。

140. 樊苗苗：《〈官场现形记〉成语研究》，西南大学硕士学位论文，2012 年。

141. 雷汉卿：《禅籍俗成语浅论》，《语文研究》2012 年第 1 期。

142. 夏松瑜：《汉语成语发展创造谭概》，《社会科学论坛》2006 年第 6 期。

143. 张泰：《〈景德传灯录〉成语研究》，《教师教育学报》2009 年第 2 期。

144. 吴越：《骈体成语——成语中的一支异军》，《语文学习》1982 年第 11 期。

145. 吕叔湘、朱德熙：《语法修辞讲话》，中国青年出版社 1951 年版，第 57 页。

146. 吕叔湘：《现代汉语单双音节问题初探》，《中国语文》1963 年第 1 期。

147. 吴慧颖：《四字格中的结构美》，《修辞学习》1995 年第 1 期。

148. 夏传才：《诗经语言艺术》，语文出版社 1985 年版。

149. 史有为：《关于四字格及其语音节奏》，《汉语学习》1995 年第 5 期。

150. 苏新春：《语言学及应用语言学丛书》，厦门大学出版社 2001 年版。

151. 吴洁敏：《汉语节奏的周期及层次》，《中国语文》1992第2期。

152. 崔希亮：《汉语四字格的平起仄收势》，《修辞学习》1993年第1期。

153. 张岱年：《中国思维偏向》，中国社会科学出版社1991年版。

154. 徐联仓：《信息多余性对掌握信号结构过程的影响》，《心理学报》1963年第3期。

155. 陆志韦：《汉语的并立四字格》，《语言研究》1956年第1期。

156. 林文金：《从性质和特点看成语的范围》，《中国语文》1959年第2期。

157. 唐松波：《熟语和成语的种属关系》，《中国语文》1960年第11期。

158. 唐启运：《论四字格成语》，《华南师院学报》1979年第2期。

159. 黄岳洲：《成语中数词所表示的抽象义》，《中国语文》1980年第6期。

160. 丁声树编录，李荣参订：《古今字音对照手册》，中华书局1981年版。

161. 魏国珍：《迭音与成语》，《语文战线》1982年第11期。

162. 傅雪原：《四音节短语结构层次与语音层次参差现象初探》，《语文园地》1983年第4期。

163. 金家恒：《成语中的叠音》，《徽州师专学报》1983年第1期。

164. 尹世超：《成语的直解》，《语文研究》1983年第3期。

165. 梁晓红：《源于佛教的成语》，《语文园地》1985年第1期。

166. 顾旻：《试论古汉语平仄对立的本质》，《盐城师专学报》1987年第4期。

167. 赵红棉：《"成语"一词源流考》，《古汉语研究》1992年第3期。

168. 祝鸿熹：《汉语四字成语的意义切分》，《语文建设》1992年第8期。

169. 苏文木：《汉语成语语言特色、分类与功能浅议》，《集美师专学报》1993年第3期。

170. 高万云：《浅谈成语的谐音改造》，《修辞学习》1994年第2期。

171. 石毓智：《论汉语的大音节结构》，《中国语文》1995年第3期。

172. 赵永新：《析ABAC式四字语》，《语言教学与研究》1997年第3期。

173. 高蕴武：《常用近义成语例释》，《内蒙古民族师院学报》1998 年第 2 期。

174. 谭汝为：《重字"四字成语"的结构》，《语文建设通讯》1999 年第 10 期。

175. 许威汉：《二十世纪的汉语词汇学》，书海出版社 2000 年版。

176. 王力：《汉语史稿》，中华书局 2001 年版。

177. 王力：《汉语音韵》，中华书局 2003 年版。

178. 王力：《略论语言形式美》，《光明日报》1962 年 10 月 9 日。

179. 周建民：《成语在功能和意义上的活用》，《武汉教育学院学报》2001 年第 5 期。

180. 罗常培、王均：《普通语音学纲要》，商务印书馆 2002 年版。

181. 唐作藩：《音韵学教程》，北京大学出版社 2002 年版。

182. 曹铁根：《也说重字"四字字组"的结构》，《语文建设通讯》2004 年第 6 期。

183. 李帅：《成语中的叠音语素》，《语文月刊》2005 年第 12 期。

184. 杨翠兰：《汉语成语的语法功能研究》，《烟台教育学院》2005 年第 3 期。

185. 陶文好：《汉语成语中的语义转移》，《宁波大学学报》2005 年第 3 期。